AF150658

Otto Buchner

Beiträge zur Kenntnis des Baues der einheimischen Planorbiden

Otto Buchner

Beiträge zur Kenntnis des Baues der einheimischen Planorbiden

ISBN/EAN: 9783743479869

Hergestellt in Europa, USA, Kanada, Australien, Japan

Cover: Foto ©ninafisch / pixelio.de

Manufactured and distributed by brebook publishing software
(www.brebook.com)

Otto Buchner

Beiträge zur Kenntnis des Baues der einheimischen Planorbiden

Beiträge

zur

Kenntnis des Baues der einheimischen

Planorbiden.

Inaugural-Dissertation

zur

Erlangung der Doctorwürde

der

hohen philosophischen Fakultät der Universität Leipzig

vorgelegt von

Otto Buchner

aus Stuttgart.

Mit drei Tafeln.

Stuttgart 1890.

Beiträge

zur

Kenntnis des Baues der einheimischen

Planorbiden.

Inaugural-Dissertation

zur

Erlangung der Doctorwürde

der

hohen philosophischen Fakultät der Universität Leipzig

vorgelegt von

Otto Buchner

aus Stuttgart.

Mit drei Tafeln.

Stuttgart 1890.

Einleitung.

Ende des Wintersemesters 1887/88 hatte Herr Geheimrat Professor Dr. R. LEUCKART, mein hochverehrter Lehrer, die Güte, mich darauf aufmerksam zu machen, dass durch die Untersuchung der anatomischen Verhältnisse unserer Planorbiden noch manches Neue zu Tage gefördert werden könnte, und empfahl mir diese Untersuchung als eine dankbare Aufgabe für eine Inauguraldissertation.

Ich trat mit doppelter Freude an diese Aufgabe heran. Einerseits fühlte ich mich auf dem Gebiet der Mollusken von vornherein heimisch, da ich seit meiner ersten Gymnasialschulzeit Konchyliensammler bin, anderseits löste mich diese Aufgabe von einer früheren, schon etliche Zeit in Angriff genommenen Arbeit über die männliche Form einiger Coccicen, welche Arbeit infolge von Mangel an Material aussichtslos geworden war, in wohlthuender Weise ab.

Ich will nun sogleich an dieser Stelle eine angenehme Pflicht erfüllen, indem ich meinem hochverehrten Lehrer, Herrn Geheimrat Prof. Dr. R. LEUCKART, für das Interesse, welches er meiner Arbeit entgegenbrachte, für seinen hilfreichen Rat und die Liebenswürdigkeit, mit welcher er mir die nötige Litteratur sowohl aus der Bibliothek des zoologischen Institutes, als auch aus seiner Privatbibliothek zur Verfügung stellte, meinen aufrichtigsten Dank abstatte. Auch den Herren Professor MARSHALL und FRAISSE, sowie Herrn Dr. SIMROTH, die mir mit Litteratur in zuvorkommender Weise aushalfen, gebührt mein verbindlichster Dank.

Bekannt ist, dass die pulmonaten Gastropoden schon in den ältesten Zeiten der Naturforschung reichliches Material zur Untersuchung dargeboten hatten. Durch ihr Landleben — auf dem Lande lebt ja der weitaus grösste Teil der Lungenschnecken — waren sie

1*

natürlich dem Menschen leicht zugänglich und so finden wir schon von ARISTOTELES Teile des Leibes dieser Tiere beschrieben und auch hinsichtlich der Biologie hatten schon die ältesten Forscher einige Kenntnis.

Ein wirklicher Fortschritt in der Erkenntnis der Organisationsverhältnisse der Pulmonaten ist bis in das 17. Jahrhundert eigentlich nicht zu verzeichnen. Sie blieb im grossen und ganzen immer noch auf der Stufe, auf welcher sie zu Zeiten des berühmten Stagiriten gestanden hatte, bis endlich im Jahre 1682 die Arbeiten JOH. JAC. HARDER's, welche er gemeinsam mit PEYER[1] anstellte, einen ganz wesentlichen Schritt vorwärts machten. Diese beiden Forscher erkannten vor allem den Hermaphroditismus der Pulmonaten, worauf dann MARTIN LISTER[2] eine genaue Beschreibung der Anatomie von *Helix pomatia* L. gab. Nach ihm ist ganz besonders SWAMMERDAM[3] zu nennen, welcher in seiner Bibel der Natur die gesamte Organisation der Weinbergschnecke und besonders die einzelnen Teile des Geschlechtsapparates für die damalige Zeit erschöpfend beschreibt, auch abbildet, so dass sich mit dieser berühmten Arbeit vielleicht nur noch das Werk CUVIER's[4] messen kann. Bis auf wenige Teile werden die Geschlechtsorgane auch jetzt noch so dargestellt, wie zu Zeiten SWAMMERDAM's.

Im 18. Jahrhundert ragt bekanntlich LINNÉ[5] auch hinsichtlich der Mollusken im allgemeinen und der pulmonaten Gastropoden im besonderen durch seine systematischen Arbeiten hervor, die aber ausschliesslich konchyliologisch sind. Dadurch kam es, dass die nackten Lungenschnecken von den beschalten von ihm scharf getrennt, die ersteren als „Molluska" den letzteren als „Testacea" gegenübergestellt wurden. ADANSON[6] und GUETTARD[7] dagegen bezeichneten richtigerweise das Tier als massgebenden Faktor für die Systematik.

[1] Paeonis et Pythagorae (Peyer und Harder) exercitationes anatomicae et medicae familiares bis. L. Basilae 1682. 8.

[2] M. Lister, Exercitatio anatomica, in qua de Cochleis maxime terrestribus et Limacibus agitur. Londini 1694. 8. 7 Taf.

[3] Joh. Swammerdam: Verhandeling van de Wijngaartslak. Biblia naturae. Leyden 1737. fol. p. 97—194. 3 Taf.

[4] G. Cuvier, cf. p. 3 Anm. 4.

[5] C. A. Linné, Systema naturae. ed. X. 1758.

[6] M. Adanson, Histoire des Coquillages. Paris 1757.

[7] Guettard, Observations, qui peuvent servir à former quelques caractères de Coquillages. Hist. de l'Acad. d. science. Paris 1762.

Ende des 18. Jahrhunderts erschien eine Einteilung der Lungenschnecken von Otto Fr. Müller[1], welcher auch viele Arten anatomisch genau beschreibt und biologische Bemerkungen macht. Schliesslich sind noch zwei Forscher zu nennen : Draparnaud[2], welcher neue Genera aufstellte, dazu viele neue Species entdeckte, und Férussac[3], der zuerst die Land- und Süsswassermollusken in Familien zusammenfasste.

Unser Jahrhundert, namentlich die zweite Hälfte desselben, weist, wie nicht anders zu erwarten, eine sehr reiche Litteratur auf allen Untersuchungsgebieten hinsichtlich der Pulmonaten auf. Ganz besonders ragen hierbei die französischen Forscher Cuvier[4] und Moquin-Tandon[5] hervor. Letzterer schrieb eine umfassende Naturgeschichte der Land- und Süsswassermollusken seines Vaterlandes und lieferte vorzügliche Abbildungen zu seinem Werke. Als epochemachendes Werk, natürlich vom Standpunkte der damaligen Zeit (1856), kann man auch im Hinblick auf die Pulmonaten dasjenige Troschel's[6] über das Gebiss der Schnecken bezeichnen, in welchem dieser Forscher ein wichtiges Moment zur Begründung einer natürlichen Klassifikation gefunden zu haben glaubte. Viel wichtiger und interessanter waren jedoch die in demselben Jahre zur Veröffentlichung gelangten histologischen Untersuchungen Semper's[7], welche auch sehr viel zum Verständnis der physiologischen Erscheinungen beigetragen haben. Daraufhin hatten sich die neueren und neuesten Untersuchungen im Gebiete der Pulmonaten vorzugsweise mit einzelnen Organen, deren Physiologie und Entwickelungserscheinungen

[1] Otto Fr. Müller, Vermium terrestrium et fluviatilium historia. 1784.

[2] J. Ph. R. Draparnaud, Hist. nat. des Mollusques terrestres et fluviatiles de la France. Paris au XIII. 134 S. 13 Taf. 1804.

[3] Daudebard de Férussac, Essai d'une méthode conchyliologique. Nouvelle édition par J. Daudebard fils. Paris 1807. 8. (1. Ausg. 1800.)

[4] G. Cuvier, Mémoires pour servir à l'histoire et à l'anatomie des Mollusques. Paris 1817. 4. 35 Taf.

[5] A. Moquin-Tandon, Histoire naturelle des Mollusques terrestres et fluviatiles de France, contenant des études générales sur leur anatomie et leur physiologie et la description etc. Paris 1854. 55. 2 Vols. 8. Text und 1 Vol. mit 54 Planches. 8. — Ders., Recherches anatomo-physiologiques sur l'Ancyle fluviatile. Journ. de Conchyl. III. 1852.

[6] Troschel, Das Gebiss der Schnecken zur Begründung einer natürlichen Classification untersucht. 4 Lief. 1856—1861.

[7] Carl Semper, Beiträge zur Anatomie und Physiologie der Pulmonaten. Zeitschr. f. wiss. Zool. VIII. 1856. p. 340—399. Taf. XVI—XVII. (Histologisch wichtige Untersuchungen.)

und mit sorgfältiger Beobachtung der histologischen Verhältnisse befasst. Alle diese Arbeiten jedoch an dieser Stelle namhaft zu machen, würde zu weit führen. Sie werden, soweit sie die von uns behandelten Tiere berühren, später Berücksichtigung finden.

Was unsere Süsswasserpulmonaten im besonderen anbelangt, so wurden diese anfangs viel weniger berücksichtigt als die Landpulmonaten. Der erste, welcher speciell eine Anatomie von *Lymnaeus* gab, war STIEBEL[1] (1815). Später stellten JACQUÉMIN und KARSCH (cf. cit. Schriften Anm. 3) über die Entwickelungsgeschichte mehrerer Süsswasserlungenschnecken Untersuchungen an; ebenso erschien von LACAZE-DUTHIERS[2] eine ausgezeichnete Abhandlung über das Nervensystem derselben.

Zu verwundern ist es ja nicht, dass Untersuchungen über diese Tiere zurücktraten, wenn man den kolossalen Reichtum an Formen der Landpulmonaten gegenüber dem der Süsswasserpulmonaten ins Auge fasst. Aber wenngleich man einerseits ohne Bedenken annehmen konnte, dass die Organisationsverhältnisse der Süsswasserlungenschnecken im grossen und ganzen denen der Landschnecken entsprechen werden, so musste es doch anderseits wiederum einleuchten, dass die Existenzbedingungen der ersteren andere biologische Erscheinungen zur Folge hatten, welche ihrerseits wiederum ihren Einfluss auf die Organisation dieser Tiere in bestimmter Weise zum Ausdruck bringen und ihnen besondere charakteristische Eigenschaften verleihen mussten. Es haben sich denn auch bekanntlich hinsichtlich der Entwickelungsgeschichte[3] weitgehende Unterschiede zwischen Land- und Süsswasserpulmonaten ergeben, Unterschiede, welche eine hohe Scheidewand zwischen beiden Ordnungen aufrichten. Ebenso haben sich nicht unwesentliche Differenzen in der Ausbildung der Sinnesorgane und, was aber vielleicht erst in zweiter Linie Beziehung zu den biologischen Verhältnissen haben mag, unterscheidende Merkmale in der Morphologie des Geschlechtsapparates und des Exkretions-

---

[1] Sal. Stiebel, Diss. inaug. sistens Limnei stagnalis Anatomen. 1815.

[2] De Lacaze-Duthiers, Du système nerveux des Gastéropodes pulmonés aquatiques et d'un nouvel organe d'innervation. Arch. d. Zool. expér. I. p. 437 ff.

[3] Em. Jacquémin, Mémoire contenant l'histoire du développement du *Planorbis corneus*. Nov. Act. Acad. Car. Natur. Cur. Vol. XVIII. 1838. — Anton Kärsch, Die Entwickelungsgeschichte des *Lymnaeus stagnalis, ovatus, palustris*. Arch. f. Naturg. 1846. p. 236—276. — K. E. v. Baer, Selbstbefruchtung an *Lymnaea auricularis* beobachtet. Arch. f. Anat. u. Physiol. 1835. p. 224.

organes herausgestellt. Bezüglich des letzteren war PAASCH[1] der erste, welcher darauf aufmerksam machte.

Was die Planorbiden ganz speciell anbelangt, so sind diese bis jetzt noch weniger berücksichtigt worden, als die Lymnaeiden. Es wurde fast ausschliesslich nur die grösste unserer einheimischen Arten, *Planorbis corneus* L., näher untersucht und auch diese mehr entwickelungsgeschichtlich[2] als morphologisch und anatomisch. Die einzigen, bald nach Beginn meiner Untersuchungen mir bekannt gewordenen Abhandlungen, welche von der Morphologie und zwar besonders der des Geschlechtsapparates anderer einheimischer Planorben handeln, sind die Arbeiten von FICINUS[3] und LEHMANN[4], welche bei der Behandlung des betreffenden Gegenstandes einer näheren Betrachtung unterzogen werden sollen. Vorläufig möchte ich nur erwähnen, dass die darin aufgezeichneten Ergebnisse mir hauptsächlich zu einer vergleichend-anatomischen Untersuchung des Geschlechtsapparates der Planorbiden mit besonderer Berücksichtigung des Kopulationsorganes Veranlassung gaben, denn ich konnte daraus entnehmen, dass die morphologischen Verhältnisse sowohl der drüsigen Organe des Genitaltraktus als besonders des Kopulationsapparates bei den einzelnen Species mannigfachen Modifikationen unterworfen sind. Aber schon ehe ich die erwähnten Arbeiten kannte, machte mich mein Lehrer, Herr Geheimrat LEUCKART, bei meinen ersten Versuchen, die kleinen Planorben zu anatomieren, auf einen Pfeil im Penis dieser Tiere aufmerksam, welcher ihm bei der zu helminthologischen Untersuchungen vorgenommenen Präparation der Schnecken öfters vor Augen getreten war. FICINUS und LEHMANN beschreiben die erwähnte Pfeilbildung ebenfalls. Das Merkwürdige an der Sache ist nun aber, dass nur eine geringere Anzahl von Arten unserer einheimischen Planorbiden dieselbe aufweist, während die grössere Anzahl der Pfeilbildung entbehrt. Nirgends fand ich in der Litteratur der neueren und neuesten Zeit diesbezügliche Angaben, hingegen wiederholt die Bemerkung, dass ein Pfeilsack und andere,

---

[1] Paasch, Über das Geschlechtssystem und die harnleitenden Organe einiger Zwitterschnecken. Arch. f. Naturgesch. 1843. I.

[2] Siehe p. 4 Anm. 3.

[3] Ficinus, Der Penis der einheimischen Planorben. Giebel's Ztschr. f. d. gesammt. Naturwiss. Jahrg. 1867. No. VII. S. 363.

[4] Lehmann, Die lebenden Schnecken und Muscheln der Umgegend Stettins und in Pommern mit besonderer Berücksichtigung ihres anatomischen Baues. Kassel 1873.

den Landpulmonaten zukommende Anhangsdrüsen dem Genitalapparat der Süsswasserpulmonaten abgehen [1].

Eine erst im vergangenen Jahre erschienene Arbeit von Behme [2] über den Harnapparat der Lungenschnecken weist auch auf die Planorbiden hin und hebt das abweichende Verhalten dieser Tiere von den übrigen Süsswasserpulmonaten in bezug auf Form und Lagerung der Niere, sowie der Einrichtung der Lungenhöhle hervor, und widmet denselben eine genauere Besprechung. Es wurde mir jedoch bei der Prüfung dieser Verhältnisse klar, dass hier noch manche Lücke offen steht.

Zwei andere, in neuerer Zeit erschienene Arbeiten, eine von Nüsslin [3] und eine von v. Ihering [4] lenkten meine Aufmerksamkeit auch hinsichtlich der Planorbiden auf die bei vielen Mollusken so interessante innere oder Perikardialmündung der Niere hin. Dieselbe ist bei einer grossen Zahl mariner Mollusken bekannt geworden. Nüsslin, Semper [5] auch Nalepa [6], haben sie an *Helix*, *Zonites* und *Vaginulus* für die Landpulmonaten nachgewiesen und es war mir daher von Interesse, die vorauszusetzende Thatsache des Vorhandenseins dieser inneren Nierenmündung auch für die Süsswasserpulmonaten endgültig festzustellen, um so mehr als auch schon Sharp [7] in seiner Arbeit über den Bau der einheimischen *Ancylus*-Arten bei diesen merkwürdigen Schnecken, welche ja erst neuerdings wieder als Lungenschnecken angezweifelt wurden, dieselbe nachgewiesen hatte.

Da ich schliesslich bei der Untersuchung der anatomischen und histologischen Verhältnisse der übrigen Organsysteme zur Überzeugung gekommen war, dass dieselben mit denen der übrigen Süsswasser- und auch der Landpulmonaten im allgemeinen übereinstimmen, indem

---

[1] J. Klotz, Beitrag zur Entwickelungsgeschichte und Anatomie des Geschlechtsapparates von *Lymnaeus*. Jenaische Ztschr. f. Naturw. Bd. XXIII. 1888. p. 4.

[2] Th. Behme, Beiträge zur Anatomie und Entwickelungsgeschichte des Harnapparates der Lungenschnecken. Inaug.-Diss. Rostock 1889.

[3] Otto Nüsslin, Beiträge zur Anatomie und Physiologie der Pulmonaten. Habilitationsschrift. Tübingen 1879.

[4] H. v. Ihering, Zur Morphologie der Niere der sog. „Mollusken". Ztschr. f. wiss. Zool. Bd. XXIX. p. 583 ff.

[5] C. Semper, Arbeiten aus dem zoologisch-zootomischen Institut in Würzburg. III. Bd. Seite 485. Anm. 1.

[6] A. Nalepa, Beiträge zur Anatomie der Stylommatophoren. Aus dem LXXXVII. Bande d. Sitzber. d. k. Akad. d. Wissensch. I. Abth. Aprilheft. J. 1883.

[7] D. Sharp, Beiträge zur Anatomie von *Ancylus fluviatilis* und *Ancylus lacustris*. Inaug.-Diss. Würzburg 1883. p. 27.

I. Teil.

Allgemeine Morphologie und Anatomie.

Verschiedene Organe unserer Planorbiden gehen, was ihre äussere Gestalt anbetrifft, in auffallender Weise mit den morphologischen Verhältnissen des gesamten Körpers Hand in Hand. Wir sehen sofort, dass der Leib dieser Tiere, gegenüber den anderen Süsswasserpulmonaten, besonders bei den kleinen Arten, ganz enorm in die Länge gezogen ist. Da darf es nun nicht wundern, wenn uns manche Organe, namentlich die Drüsen, oftmals ein Zerrbild vor Augen führen, wie wir es kaum vermutet hätten. So treten uns z. B. Niere und Leber und, wie wir im speciellen Teile unserer Betrachtungen sehen werden, auch die Drüsen des Genitaltraktus bei den kleinen Planorben in ganz ungewöhnlicher Form entgegen.

Nehmen wir einmal einen *Planorbis vortex* L. vor und betrachten ihn in einem mit Wasser gefüllten Glase, so fällt uns zunächst das scheibenförmige, mit sehr zahlreichen Windungen ausgestattete Gehäuse auf, aus dessen Mündung ein kleines, weisslichgraues Tier mit seinem Kopfe und Fusse hervorragt Messen wir sodann nur mit dem Auge das Verhältnis der Länge des Fusses zu dem grössten Durchmesser des flachen, spiraligen Gehäuses, so werden wir es annähernd auf 1 : 4 angeben können (Taf. I Fig. 3).

Berauben wir nun das Tier seiner Schale und ziehen wir den in den zahlreichen Windungen derselben aufgerollt gewesenen Körperabschnitt in gerader Richtung in die Länge aus, so wird dessen Dimension uns das 12- bis 15 fache Mass von der Länge des Fusses darbieten.

Betrachten wir hingegen in dieser Beziehung eine gewöhnliche Lymnaeide, etwa *Lymnaea stagnalis* L., oder auch eine unserer Heliciden, z. B. *Helix pomatia* L., so wird uns der Unterschied dieser

Verhältnisse gegenüber unserer Planorbide sofort in die Augen springen und wir werden nicht mehr überrascht sein, wenn uns dann die Niere des *Planorbis cortex* L. anstatt in der Form eines ungleichseitigen Dreiecks oder Halbmondes, in der Gestalt eines sehr langen Bandes entgegentritt (Taf. I Fig. 5 *N*).

Es wird uns ebensowenig befremden, dass die Leber nicht ein kompaktes, massiges Gebilde, sondern eine flache, weit nach einer Richtung hin ausgestreckte, nach Art eines Hirschgeweihes gezackte Drüse darstellt (Taf. I Fig. 5 *L* u. Fig. 8).

Dazu kommt dann noch ausserdem, dass die ebenfalls ganz in die Länge gezogene Zwitterdrüse, welche wir bei unseren Lungenschnecken fast allgemein der Leber eingebettet sehen, bei dieser Planorbide und ihren nächst verwandten Arten fast in ganzer Ausdehnung aus der Leber herausragt und für sich allein die ältesten Windungen der Schale ausfüllt. Dabei ist es nicht uninteressant, zu verfolgen, wie weit und in welcher Art und Weise sich die morphologischen Verhältnisse der Drüsenorgane von den kleinen Arten zu den grossen hinauf ändern. Ich behaupte, dass diese Erscheinung bei keiner anderen Süsswasserpulmonatengattung so auffallend ist, wie bei den Planorben. Die nahe verwandte Gattung *Lymnaea* z. B., welche doch auch sehr extreme Grössenverhältnisse unter ihren Arten aufweist, wenn auch nicht so extreme, wie die Gattung *Planorbis*. hält in dieser Beziehung keinen Vergleich aus. Die Regel, welche diesen morphologischen Veränderungen zu Grunde liegt, ist eine wohlbekannte. Je grösser das Tier, desto feiner und zahlreicher die Verästelung der drüsigen Organe zum Zweck der Oberflächenvermehrung. Die Masse wächst im Kubus, Fläche nur im Quadrat. Letztere muss jedoch mit dem Wachstumsgrade der Masse Schritt halten und die Folge davon ist die feinere Verästelung. Es ist klar, dass dadurch die Drüsenorgane auch bei Beibehaltung der ursprünglichen äusseren Gestalt ein kompaktes und massigeres Aussehen erhalten. Kommt dann noch bei den grossen Arten eine beträchtliche Reduktion der Längendimensionen hinzu, so ist es nicht mehr auffallend, wenn uns ein grosser *Planorbis corneus* L. im Gegensatz zu dem kleinen *Planorbis cortex* L. eine viel kürzere und dabei massig gebaute Leber und eine nicht minder massenhaft gebaute Zwitterdrüse zeigt, welche nicht, wie bei den kleinen Arten, weit über die Leber hinausragt und allein das älteste Schalengewinde ausfüllt, sondern mit Ausnahme des äussersten Endstückes ganz in die Leber eingebettet ist, so dass die letztere eigentlich als das Ende des ganzen Eingeweidebruchsackes anzusehen ist (Taf. 1 Fig. 7).

Die ganz gleichen Erscheinungen werden wir gelegentlich unserer speciellen Betrachtung des Genitaltraktus bei sämtlichen anderen Drüsenorganen antreffen.

Der Typus, welcher für den histologischen Bau dieser Drüsenorgane bekannt ist, gilt jedoch natürlicherweise für einen kleinen *Planorbis* gerade so gut, wie für einen grossen.

Es wird sich daher bei der nun folgenden allgemeinen Besprechung des Baues der Planorbiden vor allen Dingen darum handeln, auf besonders auffällige Unterschiede zwischen den einzelnen Arten, sowie auf die charakteristischen Eigenschaften unserer Tiere im Gegensatz zu den anderen Süsswasserpulmonaten die Aufmerksamkeit hinzulenken.

1. Allgemeine Körperform und Gehäuse.

Der Körper unserer Planorbiden ist, wie ich schon erwähnte, besonders bei den kleinen Arten, gegenüber dem der nahe verwandten Lymnaeiden und Physinen ganz ausserordentlich in die Länge gezogen und ausnahmslos dabei nahezu in einer Ebene aufgewunden. Auf diese Weise scheint bei oberflächlicher Betrachtung die dem Körper entsprechende Schale ihre Asymmetrie verloren zu haben und in ganz ähnlicher Weise, wie die spiraligen Schalen der Cephalopoden, in der Ebene aufgewunden zu sein. Die Abweichung davon ist auch bei einigen Arten, wie *Planorbis rotundatus* Moq. Tand., *vortex* L. und *contortus* L., eine fast unmerkliche. Sie besteht nur darin, dass auf der einen Seite die jüngeren Windungen mehr über die älteren hervorragen als auf der anderen, wo sie nahezu dieselbe Ebene berühren. Das meist flachscheibenförmige Gehäuse erscheint infolgedessen ein wenig einseitig eingedrückt, wobei diese eingedrückte Seite dem ausgezogenen Gewinde anderer Schneckengehäuse entspricht. Der Beweis dafür ist, dass beim Kriechen der Tiere, wobei, vorzugsweise bei den grossen Arten, das Gehäuse mehr oder weniger nach der Seite geneigt getragen wird, diese vertiefte Seite nach oben sieht. Es ist daher falsch, die Planorbiden dem Gehäuse nach als linksgewundene Schnecken in Anspruch zu nehmen, denn kehrt man die Spitze, hier also die eingedrückte Seite, dem Auge zu, so sieht man die Windungen im Sinne des Uhrzeigers gedreht anwachsen, und ein solches Gehäuse nennt man bekanntlich rechtsgewunden. Die Lage des Lacaze'schen Organs und der

Geschlechtsöffnungen entspricht, beiläufig bemerkt, allerdings der Lage, welche wir bei den linksgewundenen Physinen beobachten. Zahl und Wachstumsgrad der Schalenwindungen ist zwischen den einzelnen Arten schwankend. Die windungsreichsten Schalen und dementsprechend die am wenigsten schnell anwachsenden Windungen, Hand in Hand damit auch das bedeutendste Längenmass des Körpers besitzen unter den einheimischen Planorben die Species *Pl. rotundatus* Moq.-Tand., *vortex* L. und *contortus* L., deren Schalenwindungen die Zahl 8 und darüber erreichen können. Der auf der eingedrückten Seite des Gehäuses gelegene Mündungsrand ist stets etwas vorgezogen, wodurch die Mündung in bezug auf die Axe bei allen Arten schief erscheint. Bei den grossen Arten ist das Gehäuse ziemlich festschalig, bei den kleinen dagegen zart und meist durchsichtig oder wenigstens durchscheinend. Naumann[1] konstruierte an der Schale von *Planorbis corneus* L. die von ihm sogenannte Konchospirale, welche der geometrischen Form der logarithmischen Spirale nahekommt.

2. Äussere Haut und Mantel.

Die äussere Haut unserer Planorbiden und der durch eine Faltung derselben entstandene Mantel zeichnen sich durch eine von überaus zahlreichen und grossen Schleimzellen oder besser gesagt, einzelligen Schleimdrüsen durchlagerte, muskulöse Cutis aus. Besonders gross ist die Anzahl und ganz bedeutend die Grösse derselben im Mantelrand, wo eine Menge Zellen noch ausserdem Konchiolinsubstanz zur Schalenbildung absondern. Die durch die Grösse der Schleimzellen leicht zu bezweifelnde einzellige Natur derselben wurde durch die Untersuchungen Nalepa's[2] festgestellt. Die Tunica propria dieser Schleimzellen bildet, wie er sagt, vielfach sackartige Ausstülpungen in die umliegende, schwammige Muskulatur. Nach den Untersuchungen Semper's[3] sieht man den Schleim oft in Form kleiner, schleifsteinförmiger Platten austreten. Bei unseren Planorben kann man diese plattenförmigen Schleimpartikelchen zahlreich in den grossen Schleimzellen des Mantelrandes liegen sehen. Aus diesem reichen Besitz von Schleimdrüsen erklärt sich die starke, verglichen mit den

---

[1] Naumann, Über die cyklocentrische Konchospirale und das Windungsgesetz von *Planorbis corneus* L. Abhandl. d. math.-phys. Klasse d. k. Gesellschaft d. Wiss. in Leipzig I. 1852. p. 169—185. c. fig.

[2] A. Nalepa, a. a. O. p. 5.

[3] C. Semper, a. a. O.

Lymnaeen sehr bedeutende Schleimabsonderung der Planorben, welche die Anatomie derselben ungemein erschwert. Auch Pigment finden wir in der Haut der Planorbiden teilweise ausserordentlich reichlich. mehr als bei anderen Süsswasserpulmonaten. *Planorbis vortex* L. freilich hat in der äusseren Haut nur wenig Pigment. dagegen massenhaft im Herzen, worauf ich bei Gelegenheit noch einmal zurückkommen werde. Vogel und Reischauer [1] haben dieses Pigment der Mollusken einer näheren Untersuchung unterworfen, und zwar an *Limax cinereoniger* L. Sie zogen es mit Salpetersäure aus der Haut aus und fällten es mit Ammoniak, wodurch sie eine glänzende, schwarze Masse erhielten, welcher sie den Namen Schneckenschwarz oder Limatrin gaben.

Die Mantel- oder Lungenhöhle, vorzugsweise die der kleinen Arten. ist aussergewöhnlich gross und kann enorme Luftquantitäten aufnehmen, welche, wie wir später sehen werden, zur Lokomotion des Tieres Beziehung haben. Legt man einen *Planorbis vortex* L. unter das Mikroskop mit einer schwachen Vergrösserung, so kann man schon durch die durchscheinende Schale die Dimension der Lungenhöhle sehen. Dieselbe füllt nahezu den ganzen letzten und voluminösesten Umgang des Gehäuses aus. Der Mantelrand ragt niemals über die Schale heraus.

3. Fuss und Muskulatur.

Der Fuss unserer Tiere ist gegenüber dem der anderen Süsswasserlungenschnecken und besonders dem der Landschnecken relativ ausserordentlich kurz und schmal, wie ich das schon oben zu erwähnen Gelegenheit hatte. Dabei ist derselbe vornen abgestutzt und mit einer vom Kopf des Tieres deutlich abgesetzten Fusswurzel versehen. Er stellt im Schnittbild den Durchschnitt einer starken Muskelmasse dar, welcher zwischen den Muskelzellen im vordersten Abschnitt, der eben erwähnten Fusswurzel, zahlreiche einzellige Schleimdrüsen eingelagert sind. Diese Schleimzellen zeichnen sich durch grosse Kerne mit körnigem Inhalt aus und färben sich mit Hämatoxylin besonders intensiv. Sie bilden auch einen wichtigen Faktor im Interesse der Lokomotion, nämlich beim Schwimmen an der Oberfläche, wobei ein Schleimband ausgeschieden wird, wie ich das bei Gelegenheit der biologischen Betrachtungen einer eingehenden Besprechung unterziehen werde.

[1] A. Vogel und C. Reischauer, Über den Farbstoff im Mantel der schwarzen Waldschnecke. Münchener gelehrte Anzeigen Bd. 45. 1857. p. 48—52.

Bezüglich der übrigen Muskulatur ist nur der Musculus columellaris oder, was der richtigere Ausdruck dafür ist, die kolumellare Verdickung der Hautmuskulatur besonders zu erwähnen. Unsere Planorben nämlich besitzen mit den übrigen Süsswasserpulmonaten keinen besonders differenzierten Spindelmuskel, wie wir solchen bei den Landschnecken kennen. Bei den letzteren ist der Fuss gross und die Sohle breit und um diesen grossen Fuss, welcher meist den grösseren Teil an Masse und Gewicht des ganzen Schneckenkörpers darstellt, in die Schale zurückzuziehen, muss ein besonderer Muskel mit starker Insertion an der Spindel des Gehäuses ausgebildet sein. Zudem gehen von diesem Muskel bei den Landschnecken noch feinere Bündel zu den gestielten Augen und Tastern, welche ja bekanntlich beim Zurückziehen des Körpers in die Schale eingestülpt werden.

Dies alles kommt bei den Wasserpulmonaten in Wegfall und wir haben anstatt des Spindelmuskels, wie bemerkt, nichts anderes, als eine Verdickung der Hautmuskulatur vor uns. Es ist also ganz unrichtig, von einem eigentlichen Musculus columellaris zu sprechen. Bei unseren Planorben kommt noch ein weiteres Moment hinzu. Die Schale ist scheibenförmig, das Gewinde also eingerollt und demnach eine Spindel überhaupt nicht vorhanden. Der Ansatz der Muskulatur ist hier auch ganz locker und findet an der Basis der letzten Schalenwindung seinen Platz, etwa diametral der Mündung des Gehäuses gegenüber. Der ausserordentlich lange, aufgewundene Eingeweidebruchsack unserer Tiere ist es, welcher gleichsam mit seiner grossen Masse die Insertionskraft der Muskulatur an der Schale ersetzt.

4. Der Verdauungstraktus.

Derselbe beginnt mit dem durch grosse Lippenlappen ausgezeichneten Mund, welcher durch die dreiteiligen Kiefer hindurch in die Mundhöhle führt. Der Mund hat annähernd kreuzförmigen Querschnitt. Die Zunge ist lang und bandförmig, ähnlich wie bei den „Taenioglossaten" unter den Prosobranchiern, in drei Felder geteilt und trägt kurze, dreispitzige Zähne im Mittelfelde, welches stets breiter ist, als die Seitenfelder. Diese bezahnte Zunge repräsentirt den Reibeapparat, die Radula. Die Zähne sind in Längsreihen und Querreihen angeordnet. Letztere haben einen geraden Verlauf über die Radula. Die Zahl dieser Reihen ist unter den einzelnen Arten sehr schwankend. Diejenige der Längsreihen variiert nach LEHMANN zwischen 20 und 160, die der Querreihen zwischen

160 und 300. Im übrigen verweise ich auf die ausgezeichnete Darstellung Troschel's. Der Zungenknorpel der Planorbiden ist ansehn-
lich, die Knorpelzellen sind gross, langgestreckt und besitzen kleine,
ovale Kerne.

Der Oesophagus ist dünn und sehr lang mit relativ dünnen
Wandungen und behält seinen Durchmesser ziemlich gleichmässig
bis zum Übergang in den durch ausserordentlich kräftige Muskelwandungen ausgezeichneten Magen. Diese gewaltige Magenmusku-
latur erinnert lebhaft an die Verhältnisse des Magens bei den Vögeln,
nur dass die Innenflächen der Skelettstücke entbehren, durch welche
der Vogelmagen charakterisiert wird. Ich kann mir den Zweck dieser
gewaltigen Muskelmassen nur dadurch erklären, dass die Tiere nicht
selten feinen Sand aufnehmen, obwohl sie im übrigen ausschliesslich
Pflanzenfresser sind. Ein Durchschnitt durch den Magen zeigt eine
eigentümliche konzentrische Schichtung der Muskelwand, indem sich
die Muskelfasern zu dichteren Längsstraten anordnen, welche durch
quer verlaufende Fasern miteinander verbunden sind. Eine genaue
Beschreibung dieser Verhältnisse finden wir in der unten angeführten
Schrift Gartenauer's [1]. Er bezeichnet sehr treffend den Magen unserer Tiere als „Kaumagen".

Das Epithel des Magens besteht aus schlanken Cylinderzellen
mit ovalen Kernen. Ein Flimmerbesatz fehlt. Bei den grossen einheimischen Arten, also Planorbis corneus L., marginatus Müll. und
carinatus Drp., ist der Magen in die Leber eingebettet. Auf den
Magen folgt ein langer Darm, welcher bei den grossen Arten noch
eine kurze Strecke in die Leber eingelagert ist, dann aber um-
kehrt und in mehreren Windungen zu der weit vorne, links vom
Kopfe, gelegenen Afteröffnung führt. Gleich nach dem Austritt aus
dem Magen zeigt der Darm eine ziemlich kräftige Ringmuskelschicht
und zahlreiche Längsfalten, so dass das Lumen auf dem Querschnitt
sternförmig aussieht. Die von Semper bei Lymnaea beschriebenen,
in und um die Muskelhaut des Darmes gelagerten zahlreichen Binde-
gewebs- und Kalkzellen fand auch ich bei unseren Planorben. Die
Häufigkeit der Kalkzellen ist aber individuell verschieden. Auch die
Thatsache, welche Semper beschreibt, dass diese Zellen im Winter-
schlaf massenhaft in das Lumen des Traktus hineinfallen und durch
Neuzellbildung eine regelmässige Häutung stattfindet, kann ich für
unsere Tiere bestätigen. Ich habe im Anfang des Monats März den

[1] Heinrich Maria Gartenauer: Über den Darmkanal einiger einheimischen Gastropoden. Inaug.-Diss. Strassburg 1875.

Enddarm eines *Planorbis corneus* L. aufgeschnitten und den Zellendetritus zwischen den Längsfalten abgestreift. Derselbe zeigte unter
dem Mikroskope massenhafte Kalkkonkretionen, welche, mit Salzsäure behandelt, rasch sich auflösten.

Was die Anhangsdrüsen des Verdauungstraktus anbetrifft, so
verhalten sich unsere Planorbiden etwas eigenartig. In erster Linie
gilt dies hinsichtlich der Speicheldrüsen und zwar insofern, als sie
deren 4, und nicht bloss 2 besitzen, während meines Wissens nach
bei den Süsswasserpulmonaten bis jetzt überall nur zwei bekannt
waren. Abgesehen von den grossen Speicheldrüsen, welche in der
Höhe des Nervenschlundringes um die Speiseröhre gelagert sind und
in dieselbe einmünden, finden wir ganz vorne um den Mund in dessen
Muskelwände eingelagert und beiderseits zu einer Gruppe vereinigt,
zahlreiche und grosse einzellige Drüsen mit ziemlich langen Ausführungsgängen in das kreuzförmige Lumen desselben einmünden (Taf. I
Fig. 6). Nalepa[1] beschreibt bei *Zonites* ausser den grossen Speicheldrüsen eine weitere Drüse, welche an jener Stelle des Schlunddaches,
wo die Ausführungsgänge der Speicheldrüsen in die Mundhöhle einmünden, eine weissliche, hirsekorngrosse Masse bildet, und weist den
mit den Speicheldrüsen genau übereinstimmenden Bau dieser Drüse
nach, so dass sie physiologisch ebenfalls als Speicheldrüse in Anspruch zu nehmen ist. — Auch diese zu zwei Gruppen vereinigten
Drüsenzellen am Munde unserer Planorbiden zeigen vollkommene
Übereinstimmung mit den die hinteren zwei grossen Speicheldrüsen
zusammensetzenden Zellen. Ich kann deshalb diese Drüsen auch
nur als Speicheldrüsen in Anspruch nehmen. Wahrscheinlich sind
übrigens solche Drüsen nicht bloss auf *Zonites* und *Planorbis* be-
schränkt, sondern auch sonst bei Land- und Süsswasserpulmonaten
verbreitet. Bei *Planorbis vortex* L., welchen ich zur Abbildung ver-
wendete, sind diese Drüsenzellen besonders schön und deutlich. Nalepa hat die Struktur dieser Zellen so eingehend beschrieben, dass
ich nichts mehr hinzuzufügen vermag. Die hinteren Speicheldrüsen
sind sehr gross (Taf. I Fig. 5 *Sp*). Sie verästeln sich bei den kleinen Arten in sehr langgestreckte Blindschläuche und setzen sich aus
grossen Drüsenzellen zusammen, in deren Innerem man das feinkör-
nige Sekret deutlich unterscheiden kann. Die Ausführungsgänge der
einzelnen Zellen münden gruppenweise in die gemeinsamen Ausführungsgänge der Drüsen.

In bezug auf die vorhin erwähnten kleinen vorderen Speichel-

[1] Nalepa: a. a. O. p. 19.

2

drüsen muss ich noch hinzufügen, dass es den Anschein hat, als vereinigen sich auch dort die Ausführungsgänge einiger Drüsenzellen zu einem grösseren Ausführungsgange. Doch will ich dies als Thatsache nicht mit Bestimmtheit behaupten.

Die Leber ist, wie ich das schon oben angedeutet habe, bei den einzelnen Arten morphologisch sehr verschieden ausgebildet. Es lassen sich die einheimischen Arten hiernach in zwei Gruppen einander gegenüberstellen. Die eine dieser Gruppen umfasst drei Arten, nämlich *Planorbis corneus* L., *marginatus* Müll. und *carinatus* Drp. Dieselben sind mit einer massigen, in ihrer Gesamtform schlauchförmigen Leber versehen, während die übrigen Arten mit einer mehr oder minder flächenhaften, nach Art eines Hirschgeweihes gezackten Leber (s. Taf. 1 Fig. 5 u. 8) ausgestattet sind. Bei der ersten Gruppe ist noch ausserdem die Leber mit ihren äusserst zahlreichen Follikeln in ein lockeres Bindegewebe eingepackt, über welches gleichmässig die pigmentreiche äussere Haut hinzieht. Auf diese Weise kann man die follikuläre Verästelung der Drüse nicht sehen und sie erhält dadurch die schlauchförmige Gestalt, während die gezackte Leber, welche die zweite Gruppe auszeichnet, mit ihren viel weniger zahlreichen Verästelungen frei liegt und letztere somit deutlich sichtbar sind. Dabei stellt hier jede Zacke ein Drüsenfollikel dar, das mit einer dünnen, ganz undeutlich strukturierten, geringe Mengen von Pigmentkörnchen enthaltenden Membran überzogen ist. Insofern aber stimmt die Leber sämtlicher Planorben im Baue überein, als sie nicht, wie bei den meisten Landpulmonaten, in zwei oder mehrere Lappen geteilt ist, sondern eine einheitliche, im Verhältnis zur Grösse des Tieres mehr oder weniger fein dendritisch verzweigte Drüse darstellt. Sie mündet auch nur an einer Stelle in den Darm und zwar in der Nähe der Umkehrung desselben (Taf. 1 Fig. 8).

Eine genauere Schilderung in bezug auf die Entleerung des Lebersekretes in den Darm gibt ebenfalls die vorhin angeführte Arbeit Gartenauer's.

Ich will bei dieser Gelegenheit nochmals erwähnen, dass bei *Planorbis corneus* L. neben dem Magen und der auf ihn folgenden Darmschlinge auch der bei weitem grösste Teil der Zwitterdrüse von der Leber überdeckt wird, während bei *Planorbis marginatus* Müll., *carinatus* Drp., *nitidus* Müll. und *fontanus* Lightfoot ein grosser Teil der Zwitterdrüse, bei den übrigen kleinen Arten aber fast die ganze Zwitterdrüse aus der gezackten Leber herausragt, wie denn auch Magen und Darmschlinge nicht von derselben bedeckt werden.

Die Leberzellen sind, wie schon Schlemm[1] und Meckel[2] berichten, welche den histologischen Bau der Schneckenleber genau untersuchten und beschrieben, von unregelmäsig länglicher Gestalt. Sie haben einen ziemlich grossen, randständigen Kern und enthalten in ihrem Inneren gelblichbraune Kügelchen, welche durch Platzen der in das Leberfollikellumen hineinragenden Zellwand entleert werden (Taf. 1 Fig. 9). Diese Kügelchen stellen das Gallensekret vor und geben der Leber die charakteristische gelblichbraune bis dunkelbraune Färbung. In chemischer Beziehung ist die Leber der Schnecken eingehend von Frenzel[3] geprüpft worden.

5. Nervensystem und Sinnesorgane.

Da vom Nervensysteme der Planorbiden und Lymnaeiden in der Arbeit von Lacaze-Duthiers[4] die vollkommenste Monographie enthalten ist, welche jemals von diesem Organsysteme bei einer Schnecke gegeben wurde, so kann ich mich hierüber in aller Kürze aussprechen.

Gleich hinter der Mundmasse und den grossen Speicheldrüsen wird der Oesophagus von dem Nervenschlundring mit dem an der dorsalen Seite gelegenen Cerebralganglien- und an der ventralen Seite gelegenen Pedal- und Visceralganglienpaar umgeben. Die Ganglien sind durch Kommissuren miteinander verbunden und zeichnen sich auch hier, wie bei *Limnaea* beschrieben wurde[2], durch sehr grosse Ganglienzellen aus, welche direkt neben vielen kleinen liegen. Besondere, in die Cerebroviscceralkommissur eingeschobene Ganglien, wie sie bei *Amphipepplea* beobachtet wurden, sind mir, soweit ich hierauf meine Aufmerksamkeit richtete, nicht aufgefallen. Das Pigment hat sich bei den Planorbiden, ebenso wie bei den Lymnaeiden, auch in die Nervensubstanz Eingang verschafft. Die Ganglien zeigen ein eigenthümlich rötlich-gelbes Pigment, welches erst durch ziemlich intensive Hämatoxylinfärbung überboten wird, bei schwacher Pikrokarminfärbung dagegen immer noch deutlich genug hervortritt. Von den Cerebralganglien aus werden die Sinnesorgane und die Haut des Kopfes innerviert, während die Pedalganglien den Fuss und die

---

[1] Th. F. W. Schlemm, De hepate ac bile Crustaceorum et Molluscorum quorundam. Diss. med. Berol. 1844. 4. 39 S. 2 Taf.

[2] H. Meckel, Mikrographie einiger Drüsenapparate der niederen Thiere. Arch. f. Anat. u. Physiol. 1846. p. 1—73. Taf. I—III.

[3] J. Frenzel, Über die Mitteldarmdrüse (Leber) der Mollusken. Arch. f. mikrosk. Anat. Bd. XXV.

[4] De Lacaze-Duthiers, Du système nerveux des Gastéropodes pulmonés aquatiques et d'un nouvel organe d'innervation. Arch. de Zool. expér. I. p. 437 ff.

Visceralganglien die Eingeweide, sowie die Geschlechtsorgane versorgen. Ein kleineres Ganglion finden wir bei unseren Planorbiden auf der linken Seite am Rande der Mantelhöhle. Es ist dies eine Nervenanschwellung, welche an das Geruchs- oder Lacaze'sche Organ getreten ist, worüber ich bei der Besprechung der Sinnesorgane noch Einiges zu sagen beabsichtige.

Hinsichtlich der feineren Struktur der Nervenelemente möchte ich auf die vor nicht langer Zeit erschienene Arbeit von Böhmig [1] hinweisen.

Was nun die Sinnesorgane anbelangt, so will ich nur bei dem Geruchsorgan ein wenig verweilen, die anderen viel beschriebenen Sinnesorgane aber nur in aller Kürze erwähnen [2].

Die Tentakeln der Planorben sind lang und fadenförmig, an ihrer Basis sitzen median die Augen dicht unter dem an dieser Stelle durchsichtigen Epithel der Haut. Der Durchschnitt der Augen ist fast kreisförmig, die Sklerotika dünn, die Linse schwach oval, die Chorioidea sehr stark schwarz pigmentiert, auch findet sich im Auge ein gallertartiger Glaskörper. Ein Gehörorgan in Form eines jedem der beiden Pedalganglien anhängenden Gehörbläschens besitzen die Planorben, wie die übrigen Pulmonaten.

Als Geruchsorgan wird, wie ich das vorhin schon andeutete, das am Rande der Mantelhöhle auf der linken Seite gelegene sogenannte Lacaze'sche Organ in Anspruch genommen. Dasselbe wurde bei unseren Tieren von Lacaze-Duthiers entdeckt und als „nouvel organe de l'innervation" beschrieben. Es liegt bei rechtsgewundenen Schnecken an der rechten, bei den linksgewundenen an der linken Seite der Mantelhöhle. Lacaze-Duthiers charakterisiert das Organ als eine Einstülpung eines Diverticulums der Haut und des äusseren Cylinderepithels in der Mitte eines Ganglions. Eine weitere detaillierte Schilderung mit einer guten Abbildung gibt Simroth (a. a. O. p. 308). Von ihm stammt auch die Benennung „Lacaze'sches" Organ, die aber eigentlich insofern nicht zutrifft, als das betreffende Gebilde schon lange vorher von Leuckart [3] und Gegenbaur [4] bei den Heteropoden beschrieben und von ersterem auch bereits als Geruchs-

---

[1] Ludwig Böhmig, Beiträge zur Kenntnis des Centralnervensystems einiger pulmonaten Gastropoden: *Helix pomatia* und *Limnaea stagnalis*. Inaug.-Diss. Leipzig 1883.

[2] Heinrich Simroth, Über die Sinneswerkzeuge unserer einheimischen Weichtiere. Zeitschr. f. wiss. Zool. Bd. XXVI. p. 293 ff.

[3] R. Leuckart, Zoolog. Untersuchungen. Giessen. Heft 3. 1854. p. 36.

[4] Gegenbaur, Untersuchungen über Pteropoden und Heteropoden. Leipzig 1855. p. 192 u. 201.

organ gedeutet wurde. J. W. Spengel [1] identifiziert dieses Organ auf Grund der Schilderungen von Lacaze-Duthiers und Simroth mit dem Geruchsorgan der Prosobranchier und einer Reihe von Tectibranchiern und nimmt es demnach ebenfalls für die Süsswasserpulmonaten als Geruchsorgan in Anspruch.

Ich selbst habe das Organ bei mehreren Planorbiden geschnitten und auf dem Längenschnitt das Bild einer becherförmigen Einstülpung des Epithels der äusseren Haut erhalten, welche von einem Ganglion umfasst wird. Die Epithelzellen der Haut gehen unmittelbar in die des Geruchsorganes über, sie werden nur am Grunde des Bechers ziemlich höher, tragen einen Besatz von feinen Flimmerwimpern und stehen schief nach vorne gerichtet. Da frühere Abbildungen diese Verhältnisse genau versinnlichen, habe ich von einer nochmaligen bildlichen Darstellung Abstand genommen, verweise auch noch einmal auf die von Simroth gegebene wohlgelungene Zeichnung.

Wie Spengel berichtet, wurde dieses Organ neuerdings auch von Fol [2] in seiner Abhandlung über die Entwickelung der Mollusken geschildert und ebenfalls als Geruchsorgan in Anspruch genommen. Dieser Autor vergleicht es auch mit dem schon in den 50er Jahren von Leuckart und Gegenbaur aufgefundenen Wimperorgan der Pteropoden und Heteropoden und dem von Lacaze-Duthiers nicht beschriebenen, aber abgebildeten Geruchsorgan von *Cyclostoma elegans* Drp.

In Keferstein's Bearbeitung von Dr. Bronn's Klassen und Ordnungen der Weichtiere ist neben *Helix*, *Arion* und *Limax* auch für *Lymnaea* das sogenannte Semper'sche Organ beschrieben und als Geruchsorgan in Anspruch genommen worden. Es ist ein mehrlappiges, flockiges Gebilde an der Ansatzstelle der Mundmasse an die Haut und setzt sich in die äussere Haut fort, so dass es nur vom Epithel überzogen ist. Sein histologischer Bau ist folgendermassen gekennzeichnet: „Man sieht in ihm viele grosse, körnige Zellen. Die äussere Haut macht dort, wo innen dies Organ sitzt, aussen eine rundliche Einsenkung, die oben vom Kopf, unten vom Fuss und an den Seiten von 2 Lappen des Fusses begrenzt wird und die in ihrem Grunde jene beiden länglichen Organe, nur vom Epithel bedeckt, fast frei zu Tage treten lässt."

Mit dem Lacaze'schen Organ hat dieses Organ jedenfalls nichts zu schaffen. Ich selbst konnte ein solches bei den Planorbiden auch

---

[1] J. W. Spengel, Die Geruchsorgane und das Nervensystem der Mollusken etc. Zeitschr. f. wiss. Zool. Bd. XXXV.

[2] Fol, Embryologie der Lungenschnecken (Referat). Kosmos V. 1881.

nicht finden. Wenn es, was ich nicht kontrolliert habe, bei *Lym-naeus* neben dem LACAZE'schen Organ vorkommt, so kann es, wenn man dieses als Geruchsorgan in Anspruch nimmt, natürlich nicht auch als ein solches gedeutet werden.

6. Blutgefässsystem und Atmungsorgan.

Wie bekannt, besitzen die Pulmonaten alle ein lacunäres Ge-fässsystem, also auch unsere Planorbiden. Die Centren, Herz und Aorta, namentlich ersteres, sind stark muskulös. Das Lumen des Ventrikels ist enge. Was das Herz der Planorben noch besonders auszeichnet, ist das ungemein reichliche Pigment. Am meisten ist in dieser Hinsicht *Planorbis cortex* L. bedacht, wo die Mus-kulatur des Ventrikels mit schwarzem Pigment in so reichlichem Masse durchsetzt ist, dass man das Herz mit blossem Auge durch das Gehäuse hindurch erkennt und pulsieren sieht. Die Muskel-fasern des Herzens sind infolgedessen nur schwer zu erkennen. sie zeigen da, wo sie aus dem Pigment herausschauen, ein körniges Aussehen. Das Atrium besitzt weit weniger stark entwickelte Muskel-wände. Zwischen Atrium und Ventrikel befinden sich, wie bei den Lymnaeen, zwei gegen einander gerichtete Klappen, welche nach dem Ventrikel hin sich öffnen. Das Herz ist von einem geräumigen Pericardium umgeben, mit dem es nur an der Stelle des Ursprungs der beiden Gefässe angewachsen ist. Die Wand des Pericardiums geht unmittelbar in die Nierenwand über, worauf ich im zweiten Abschnitt des folgenden Teiles noch einmal zurückkommen werde. Die drei Species: *Planorbis corneus* L., *marginatus* MÜLL. und *cari-natus* DAR. zeichnen sich durch ziemlich intensiv rotes Blut aus, während das der kleinen Arten teils viel heller rötlich, teils nahezu farblos erscheint.

Die Lunge, besonders die der kleinen Planorbiden, ist ent-sprechend der Dimension der Mantelhöhle ganz enorm gross und stellt eine richtige Schwimmblase dar, welche bei der Lokomotion der Tiere, wie schon erwähnt, eine Rolle spielt. Die links liegende Öffnung des Atemloches der Planorben ist nicht so weit, wie die der Lymnaeen und Physinen. Die merkwürdigen Falten. welche sich in der Atemhöhle bei *Planorbis corneus* L., in rudimentärer Ausbil-dung auch bei *Pl. marginatus* MÜLL. und *carinatus* DAR. befinden und diese in zwei Atemräume teilen, werde ich gelegentlich der Betrach-tung der biologischen Verhältnisse unserer Tiere zu erwähnen haben.

II. Teil.

—

Genitalapparat und Exkretionsorgan.

1. Abschnitt.

Der Genitalapparat.

Der Geschlechtsapparat der hermaphroditischen Gastropoden, namentlich der der Pulmonaten, ist schon in ziemlich früher Zeit Gegenstand häufiger Untersuchungen gewesen. Aber der ungemein komplizierte Bau dieses Organsystemes hat anfangs reichliche Gelegenheit zu verschiedenen und zum Teil sich ganz widersprechenden Deutungen Anlass gegeben. Namentlich die merkwürdige Erscheinung in einem und demselben Drüsenorgane, der jetzt allgemein bekannten Zwitterdrüse, eine Verschmelzung von beiderlei Geschlechtsdrüsen und den Produktionsort von beiderlei Geschlechtsstoffen zu finden, hat mehrere Forscher, wie CUVIER (cfr. op. cit.). MECKEL [1], CARUS [2], TREVIRANUS [3] und andere zu ganz entgegengesetzten Beurteilungen geführt. Die ersteren betrachteten z. B. diese Zwitterdrüse der Pulmonaten als ein Ovarium und dagegen die Eiweissdrüse als einen Hoden, während TREVIRANUS, auch OWEN. VERLOREN [4]

---

[1] Heinrich Meckel, Über den Geschlechtsapparat einiger hermaphroditischer Thiere. Arch. f. Anat. u. Physiol. 1844. p. 473—507.

[2] C. G. Carus, Beiträge zur genaueren Kenntniss der Geschlechtsorgane und Funktionen einiger Gastropoden. Arch. f. Anat. u. Physiol. 1835. p. 487—499.

[3] G. G. Treviranus, Über die Zeugungsteile und die Fortpflanzung der Mollusken. Tiedemann u. Treviranus, Ztschr. f. Physiol. Bd. I. 1824. 4. p. 1—55.

[4] M. C. Verloren, Organorum generationis structura in Molluscis, quae Gastropoda pneumonica a Cuviero dicta sunt. Annal. acad. Lugdun. Batav. 1836—37 u. 1838. 4. 64 S. 7 Taf.

u. a. die beiden Drüsen gerade umgekehrt deuteten. Wohnlich[1] gab die Eiweissdrüse für den Eierstock aus und nannte den am Uterus der Landpulmonaten herablaufenden Halbkanal Hoden, während er die Funktion der Zwitterdrüse ganz zweifelhaft liess. Erdl[2] erkannte hingegen wieder die Bedeutung der Eiweissdrüse nicht. Nach Steenstrup[3] sollten bei den Zwitterschnecken die einzelnen Abteilungen der Fortpflanzungsorgane doppelt vorhanden sein, aber nur die eine Hälfte zur Ausbildung gelangen. Obgleich, wie ich in der Einleitung erwähnte, schon Peyer und Harder den Hermaphroditismus der Pulmonaten erkannt hatten, wurde doch stets noch nach den die männlichen und weiblichen Zeugungsstoffe liefernden Organen, nach einem Hoden und einem Eierstock geforscht, selbst Paasch (a. a. O.) konnte sich noch nicht über die Natur der Zwitterdrüse Klarheit verschaffen und erst Siebold[4], Wagner[5], Meckel (l. c.) und Leuckart[6] erkannten ihre wahre Natur. Heutzutage sind wir mittels unserer vortrefflichen Untersuchungsmittel hinsichtlich des Genitaltraktus der Pulmonaten gut unterrichtet.

Auf dem Gebiete der Entwickelungsgeschichte dieses Organsystemes sind in jüngster Zeit mehrere Arbeiten erschienen, unter denen ich vornehmlich die Schriften von Platner[7], Rouzeaud[8], Brock[9].

[1] W. Wohnlich, Dissertatio anatomica de Helice pomatia et aliquibus aliis huic affinibus animalibus e classe Molluscorum Gastropodum. Würzburg 1813.

[2] Mich. Erdl, Beiträge zur Anatomie der Helicinen mit besonderer Berücksichtigung der nordafrikanischen und südeuropäischen Arten. In: Moritz Wagner, Reise in d. Regentschaft Algier. Bd. III. Leipzig 1841. 8. p. 268 —275. Atlas 4. Taf. XIII, XIV.

[3] J. J. Steenstrup, Untersuchungen über das Vorkommen des Hermaphroditismus in der Natur. Deutsch von Hornbusch. Greifswald 1846. 4. 2 Taf.

[4] C. Th. v. Siebold, Müller's Archiv f. Anat. 1836 und Lehrbuch d. vergl. Anat. d. Wirbellosen. 1848.

[5] R. Wagner, Über die Zeugungstheile der Gasteropoden. Abh. d. math.-phys. Klasse d. k. Bayer. Akad. d. Wiss. München. II. 1837.

[6] R. Leuckart, Wagner's vergl. Anatomie 2. Aufl. II. p. 545. 1847. — Derselbe, Geschlechtsverhältnisse der Zwitterschnecken. Zool. Abhandl. Heft 3. p. 69—88. 1854.

[7] Platner, Zur Bildung der Geschlechtsprodukte bei den Pulmonaten. Arch. f. mikrosk. Anat. XXVI. 1886.

[8] H. Rouzeaud, Recherches sur le développement des organes génitaux de quelques Gastéropodes hermaphrodites Thèse prés. à la faculté sc. Paris etc. Montpellier 1885.

[9] J. Brock, Die Entwickelungsgeschichte des Genitalapparates der stylommatophoren Pulmonaten nebst Bemerkung über die Anatomie und Entwickelungsgeschichte einiger anderer Organsysteme. Ztschr. f. wiss. Zool. Bd. XLIV. H. 3.

Simroth[1] und die schon aufgeführten von Eisig[2] und Klotz (a. a. O.) hervorheben möchte. Die beiden zuletzt angeführten Autoren haben sich bei ihren diesbezüglichen Untersuchungen den gegenüber den stylommatophoren Pulmonaten bislang etwas vernachlässigten basommatophoren Pulmonaten zugewandt und in der Beschreibung der anatomischen Verhältnisse des Genitalapparates dieser Schnecken die hauptsächlichsten Unterschiede zwischen Land- und Süsswasserpulmonaten endgültig klar gelegt. Die Thatsache übrigens, dass die beiden Geschlechtsgänge bei den basommatophoren Pulmonaten von der Einmündung des Zwitterganges unter der Eiweissdrüse an getrennt verlaufen, während sie bei den Stylommatophoren, anfangs vereinigt, sich erst viel weiter distalwärts trennen und schliesslich wieder eine einzige äussere Geschlechtsöffnung bilden, finden wir schon in Keferstein's[3] Werk angeführt.

Nicht übergehen möchte ich auch hier die schon im Vorwort meiner Abhandlung angeführten Arbeiten von Ficinus und Lehmann (s. dort), besonders aber noch die treffliche Darstellung der Verhältnisse des Genitalapparates von *Planorbis corneus* L. durch Baudelot[4] erwähnen. Nichtsdestoweniger will ich aber doch eine kurze allgemeine Übersicht des Baues des Geschlechtsapparates unserer Planorbiden den nun folgenden Betrachtungen vorausschicken.

Der Apparat beginnt mit der Zwitterdrüse, an welche sich ein bei den einzelnen Arten ungleich langer, durchweg mit mehr oder minder auffallenden, kleinen, blindsackartigen Anhängen ausgestatteter Zwittergang anschliesst, welcher dann weiter an den mit der Eiweissdrüse bsginnenden weiblichen Genitalgang führt, worauf beide Geschlechtsgänge, wie dies bei den basommatophoren Pulmonaten allgemein nachgewiesen ist, getrennt ihren Öffnungen zulaufen. Dieselben liegen bei den Planorben auf der linken Seite weit vorne, die weibliche hinter der männlichen. Am männlichen Gange haftet die Prostata, an der Vagina befindet sich ein Receptaculum seminis. Der männliche Gang endigt, nachdem er mehrere Schlingen gebildet und schliesslich zwischen zwei Ästen eines kleinen Muskels, dessen

[1] H. Simroth, Über die Genitalentwickelung der Pulmonaten und die Fortpflanzung von *Agriolimax laevis*. Ztschr. f. wiss. Zool. Bd. XLV. H. 4.

[2] Hugo Eisig, Beiträge zur Anatomie und Entwickelungsgeschichte der Geschlechtsorgane von *Lymnaeus*. Ztschr. f. wiss. Zool. Bd. XIX. 1869.

[3] Bronn, Klassen und Ordnungen des Thierreichs. Bd. III. Mollusca.

[4] Baudelot, Recherches sur l'appareil générateur des Mollusques Gastéropodes. Ann. d. Sc. nat. (4.) zoolog. XIX. 1863. p. 135—222 u 268—291.

Ursprung im Fuss ist, vergraben fortgelaufen war, mit dem Penis, der weibliche mit der der männlichen Geschlechtsöffnung mehr oder minder nahegerückten Vulva. In bezug auf den weiblichen Gang ist noch zu erwähnen, dass er die eigentümlichen Differenzierungen in drei Abschnitte, wie sie Erste für die Lymnaeiden beschreibt, nicht so deutlich erkennen lässt. Dieselben kommen hinsichtlich der Planorbiden nur bei der grössten unserer einheimischen Arten, *Pl. corneus* L., in ähnlicher Weise in Betracht und ich verweise diesbezüglich wiederum auf die ausgezeichnete, mit wohlgelungenen, klaren Abbildungen illustrierte Darstellung in der citierten Arbeit Baudelot's.

Besondere drüsige Anhänge, wie wir sie bei verschiedenen Landpulmonaten als Schleimdrüsen (fingerförmige Drüsen), Pfeilsack und Flagellum finden, weist der Genitalapparat der Planorbiden, wie der der übrigen Süsswasserpulmonaten nicht auf.

Nachdem wir bei Gelegenheit der Besprechung der Leber gesehen haben, in welchem Verhältnis der Bau der Drüse bei grossen und kleinen Arten variiert, wollen wir diesen Punkt bei der nun folgenden Besprechung der einzelnen Teile des Genitalapparates in bezug auf die Drüsen desselben ebenfalls in den Bereich unserer Betrachtungen hereinziehen.

Die Zwitterdrüse zeigt nur bei einer einzigen Species unserer einheimischen Planorben, nämlich bei *Pl. corneus* L., auch äusserlich den charakteristischen Bau einer vielfach zerteilten Drüse, wie wir sie gewöhnlich bei den Pulmonaten antreffen, und ist auch, wie schon öfters erwähnt, nur bei dieser einzigen Art in ihrer weitaus grössten Ausdehnung in das Gewebe der Leber eingebettet. Zudem zeigt sie mit Ausnahme des freiliegenden allerletzten Endes die gewöhnliche, milchweisse Farbe (Taf. I Fig. 10). Bei sämtlichen anderen Arten dagegen, bei welchen sie meist ganz frei aus der Leber hervorragt, besitzt dieselbe die Gestalt eines am verjüngten Ende etwas spiralig aufgewundenen, körnigen Blindschlauches von graubrauner Farbe (Taf. I Fig. 11). Untersuchen wir jedoch den feineren Bau der Drüse, so finden wir denselben bei allen Arten übereinstimmend, d. h. in allen Fällen besteht die Zwitterdrüse aus einer Anzahl von Blindsäckchen. Dass bei den grossen Arten die Verzweigung der Drüse im Interesse der Oberflächenvermehrung eine viel reichere, die Zahl der Follikel also eine viel grössere ist, als bei den kleinen, ist selbstverständlich. Wie erklärt sich nun diese abweichende Form und Farbe der Zwitterdrüse der kleinen Arten? Sehr einfach. Die vielverzweigte Zwitterdrüse unseres grossen *Plan-*

orbis corneus L. ist, wie wir wissen, fast vollkommen der Leber eingelagert und auf diese Weise durch das Gewebe und die äussere
Haut derselben gegen Berührung mit den Innenwänden der Schale
geschützt. Die einzelnen Follikel können demnach frei im Leber-
gewebe liegen. Anders bei den kleinen Arten. Hier liegt die Zwitterdrüse frei, muss also gleichsam eine Emballage erhalten, welche das
schützende Gewebe der Leber ersetzt und dieses Ersatzgewebe ist
ein lockeres Bindegewebe, welches, namentlich in der Peripherie,
reichlich Kalkkonkremente enthält und zwischen der peripherischen
Zelllage und der dasselbe überziehenden äusseren Haut auch zerstreute Pigmentmassen führt. In dieses ganz gleichmässig über die
Drüse hinziehende Bindegewebe sind nun die bei den kleinen Arten
allerdings viel weniger zahlreichen, milchweissen Drüsenfollikel eingebettet, so dass eben die dendritische Verzweigung der Drüse nicht
sichtbar ist (Taf. I Fig. 11). Die gleiche Erscheinung sehen wir
auch bei dem äussersten Ende der Zwitterdrüse von *Planorbis corneus* L., welches allein aus der Leber frei herausragt. Was den
histologischen Bau der Follikel der Zwitterdrüse anbetrifft, so kann
ich nach den erschöpfenden Beschreibungen SEMPER's und EISIG's
etwas Neues nicht hinzufügen. Wir sehen die Tunica propria der
Follikel zur jeweiligen Brunstzeit vollständig mit männlichen oder
weiblichen Geschlechtsprodukten belegt, welche die verschiedensten
Reifestufen zeigen. Besonders schön kann man zur Zeit der männlichen Brunst die büschelförmige Anordnung der Spermatozoen sehen.
SEMPER und EISIG haben durch das Studium der Entwickelungsgeschichte der Genitalprodukte nachgewiesen, dass wir in Ei und
Samenkeim Derivate des Follikelepithels vor uns haben.

Der Zwittergang ist bei den Planorben meist von bedeutender
Länge und, wie schon bemerkt, mit blindsackartigen Anhängen ausgestattet (Taf. I Fig. 10 u. 11). Am bedeutendsten sind diese Anhänge bei den drei Arten *Pl. rotundatus* MOQ.-TAND., *vortex* L. und
contortus L. Ich fand den Zwittergang und die blindsackartigen Anhänge bei diesen Tieren während des ganzen Jahres strotzend von
Spermamassen (Taf. I Fig. 11) erfüllt. Aber auch die weiblichen
Geschlechtsprodukte werden von diesen kleinen Planorben sehr reichlich geliefert, viel reichlicher als von den grossen und es scheint
mir dies, worauf ich auch bei späterer Gelegenheit zu sprechen kommen werde, mit ihren biologischen Verhältnissen in Beziehung zu
stehen.

Während der Zwittergang anfangs nur eine bindegewebige Hülle

trägt, zeigt er mehr gegen die Eiweissdrüse hin eine spärliche Längs-
und Ringmuskulatur, welcher ein Flimmerepithel aufsitzt.

Die Eiweissdrüse, welche sämtlichen Planorbiden zukommt —
SEMPER will bei *Pl. marginatus* MÜLL. eine eigentliche Eiweissdrüse
nicht gefunden haben — stellt bei *Pl. corneus* L., *marginatus* MÜLL.
und *carinatus* DUR. eine kompakte, birnförmige, gelblich bis rötlich-
braun gefärbte Masse dar (Taf. I Fig. 10 *Ga*). Bei den kleinen
Arten aber erscheint sie in der Form einer Traube (Taf. I Fig. 11 *Ga*),
wiederum eine Erscheinung des Gesetzes der relativen Oberflächenvermehrung. Nach SEMPER besteht sie aus vielen kleinen Blinddärm-
chen, welche ganz ausgefüllt sind mit grossen Zellen, in denen sich
die Eiweissbläschen bilden. Diese einzelnen Bläschen ergiessen ihr
Sekret in einen ziemlich weiten Kanal, welcher sich in den Ausführungsgang der Eiweissdrüse fortsetzt und direkt in das Lumen
des Eileiters übergeht. EISIG bestreitet die Richtigkeit dieser Darstellung und behauptet, dass die Eiweissdrüse nicht aus Blindsäckchen bestehe, sondern dass die die Eiweisstropfen bildenden Zellen
frei in der Drüse liegen und diese genau nach dem Schema gebaut
sei, das er für die Drüsen des Oviduktes aufstellt. Die Bilder jedoch, welche ich mittels der Schnittmethode von der Eiweissdrüse
erhielt, sprechen für die SEMPER'sche Anschauung. Das Schnittbild
zeigt Durchschnitte durch eine grosse Anzahl kleiner Schläuche,
deren jeder seine Tunica propria hat, welcher innen im Kreise herum
in epithelialer Anordnung die Eiweissbläschen enthaltenden Zellen
aufsitzen (Taf. I Fig. 12).

Der Ovidukt oder weibliche Gang bei den kleinen Planorben
von bedeutender Länge zeigt bei diesen äusserlich keinerlei Differenzierung, nur bei den grossen Arten kann man auch morphologisch
mehrere Abschnitte unterscheiden (cf. Taf. I Fig. 10 *Ov*). BAUDELOT
hat dieselben genau beschrieben. Dieser Forscher macht besonders
auf die merkwürdige Architektonik des Oviduktes an der Stelle aufmerksam, wo er sich vom männlichen Gange trennt. Die Drüsenschicht ist im oberen Teile merklich angeschwollen, während der
der Vagina zunächst liegende und kontinuierlich in dieselbe über-
gehende Teil des Oviduktes eine glatte, kegelförmige Gestalt hat;
alles Verhältnisse, welche BAUDELOT für *Planorbis corneus* L. klargelegt hat. Nur hinsichtlich des feineren Baues möchte ich noch
besonders darauf hinweisen, dass im Endteile des Oviduktes, welchen wir als Vagina selbst ansehen können, bei den Planorbiden
ebenfalls die von EISIG (l. c.) hinsichtlich der Lymnaeen beschrie-

benen, als Träger der Drüsenzellen dienenden Längsfalten sich finden.
Auf jeder in das Lumen des Eileiters hineinragenden Fläche der
Falte sitzt das wimpernde Cylinderepithel. Die Drüsenzellen besitzen
grosse, regelmässige und runde Kerne und enthalten ein körniges
Sekret. Der Ovidukt geht unmittelbar in die mit stärkeren Muskel-
wandungen versehene Scheide über.

Das Receptaculum seminis ist bei den kleinen Planorben ein
gewaltiger Blindsack mit einer strukturlosen Membran und einem
grosszelligen Epithel. Die Grösse der Samenblase richtet sich genau
nach der mehr oder minder massenhaften Produktion der männlichen
Zeugungsstoffe. Wir finden daher bei den kleinen Arten ein verhältnismässig viel grösseres Receptaculum seminis, als bei den grossen. Das grösste besitzen die, wie oben angeführt, das höchste
Mass von Spermamassen produzierenden Arten *Planorbis rotundatus*
Moq.-Tand., *vortex* L. und *contortus* L. Bei diesen strotzt die Samenblase, gerade wie der Zwittergang, auch stets von Sperma, so dass
ihr Durchmesser nahezu die Hälfte des ganzen Leibesdurchmessers
beträgt. Bei *Planorbis corneus* L. ist die Samenblase relativ klein.
Die verhältnismässige Grösse des Receptaculum seminis habe ich
durch die auf Taf. I in Fig. 10 u. 11 gegebene Abbildung der
Geschlechtsapparate von *Planorbis corneus* L. und *vortex* L. anschaulich gemacht.

Der männliche Gang, welcher sich sofort nach der Einmündung des Ductus hermaphroditicus vom Eileiter trennt und an dieser
Stelle eine besonders lebhafte Flimmerbewegung wahrnehmen lässt,
zerfällt in zwei Teile, den oberen, schwach muskulösen, drüsigen
Teil und den unteren, mit beträchtlich entwickelten Muskelwandungen ausgestatteten cylindrischen Teil. Der ganze männliche Gang
führt schlechtweg den Namen Vas deferens.

In bezug auf den oberen, drüsigen Teil des Vas deferens unterscheiden sich, wie schon aus der Darstellung Bardelot's hervorgeht,
die Planorbiden nicht unwesentlich von den ihnen so nahe verwandten Lymnaeiden, namentlich, was die Bildung der sogenannten
Prostata anbelangt. Bei den letzteren ist nach der Beschreibung
Bardelot's und auch nach Eisig's Darstellung offenbar der ganze
drüsige Teil des Vas deferens als Prostata in Anspruch zu nehmen.
Dieser Autor sagt, dass bei den Süsswasserpulmonaten die der Prostata höherer Tiere verglichenen Drüsenfollikel in die Wandungen
des bereits oben geschlossenen Vas deferens eingebettet seien. Er
beschreibt dann die Prostata folgendermassen: „Es ragen von den

peripherischen Wänden Leisten des Bindegewebes in das Lumen
des Vas deferens, welche ein förmliches Gerüste bilden, das die
Drüsenfollikel einschliesst. Die Drüsenzellen der Prostata haben
niemals Kerne und zeigen auch keinen Ausführungsgang. Die Prostata ist mit einer bindegewebigen Hülle mit reichlichem Pigment und
unregelmässig längs und rings verlaufenden Muskelfasern umgeben.
Diese Hülle geht continuierlich in den unteren Teil des Vas deferens
über, welcher jener mit Sekretbläschen angefüllten Drüsenzellen
entbehrt und sehr stark muskulös ist."

Diese Ansicht ist für die Prostata der Lymnaeen richtig, bei
denen dieselbe einfach als blasige Erweiterung des männlichen Ganges
erscheint. Ganz anders verhält sich aber, wie wir gleich sehen werden, die Sache mit der Prostata unserer Planorbiden.

Ich will bei der Beschreibung des feineren Baues des Vas deferens bei unseren Tieren zunächst die demselben in seinem gesamten Verlaufe zukommenden Eigenschaften hervorheben. Dahin rechne
ich die von Eisig auch für die Lymnaeen beschriebene zarte bindegewebige Hülle, welche mehr oder weniger reichlich Pigment enthält, und das das Lumen des Vas deferens durchweg auskleidende
Flimmerepithel.

Den ganzen oberen Teil des Vas deferens nun aber als Prostata in Anspruch zu nehmen, wie es Eisig mit Recht hinsichtlich
der Lymnaeiden thut, erachte ich bezüglich der Planorbiden für un-
zulässig. Bei diesen Tieren haben wir es, wie auch aus Baudelot's
Darstellung ersichtlich, in der Prostata mit einer besonderen Bildung
zu thun, welche dem Vas deferens als eine richtige Anhangsdrüse
aufsitzt. Der obere Teil des Vas deferens, den Baudelot den supra-
prostatischen nennt, stellt bei den Planorbiden einen schwach muskulösen, mit sehr grossen, cylindrischen Flimmerepithelzellen ausgekleideten und von einer zarten, pigmenthaltigen Hülle umgebenen
Schlauch dar. Die grossen, mit Flimmerwimpern besetzten Cylinder-
epithelzellen sind mit einer Menge von kleinen Bläschen angefüllt,
welche den Raum von dem grossen, runden, randständigen, durch
feinkörnigen Inhalt ausgezeichneten Kerne bis zum Lumen des Vas
deferens einnehmen. Diese charakteristischen Zellen kann man gleich
bei der Teilung der beiden Geschlechtsgänge nach dem Eintritt des
Ductus hermaphroditicus in den Ausführungsgang der Eiweissdrüse
wahrnehmen; sie charakterisieren sofort den männlichen Gang, dessen
lebhafte Flimmerung wohl den Zweck hat, die den reifen Eiern
gegenüber unendlich viel leichteren Samenelemente hineinzulocken.

Die vorhin erwähnten Bläschen, welche in den grossen Epithelzellen eingeschlossen sind, fand ich stets auch im Lumen des Vas
deferens. Gleichzeitig bemerkte ich dabei, dass eine grössere Anzahl von Zellen nach dem Lumen zu offen waren, also offenbar
ihre Wand zum Zweck des Austritts der Bläschen gesprengt hatten.
Es unterliegt demnach keinem Zweifel mehr, dass wir es in
diesen grossen Epithelzellen des oberen Abschnittes des männlichen
Ganges mit Drüsenzellen zu thun haben, welche in ihren Eigenschaften mit den Epithelzellen der Drüsenschicht des Oviduktes sehr
viel Ähnlichkeit haben. Wenn ich Baudelot richtig verstanden habe,
spricht auch er diese Ansicht aus. Es scheint mir demnach das
bindegewebige Gerüste mit den eingeschlossenen Drüsenfollikeln,
welches auch Eisig im oberen Teile des Vas deferens bei den Lymnaeiden beschreibt, nichts anderes zu sein, als die grossen wimpern-
den Drüsenepithelzellen, welche die erwähnten Sekretbläschen enthalten. Dabei war es mir auffallend, dass Eisig sich nicht über die
Beschaffenheit eben dieses Lumens des oberen Teiles vom Vas deferens ausspricht.

Nun haftet aber noch bei unseren Planorbiden an diesem oberen, drüsigen Teile des Vas deferens ein weiteres, selbständiges Gebilde und das ist die eigentliche Prostata. Sie ist eine richtige Anhangsdrüse, welche in ihren morphologischen Verhältnissen hinsichtlich der einzelnen *Planorbis*-Arten die nämlichen Variationen uns
vor Augen führt, welche wir schon bei der Besprechung der anderen
drüsigen Organe des Genitaltraktus beobachtet haben. Bei *Planorbis corneus* L. ist sie ein massiges, aus einer grossen Anzahl von
Blindschläuchen bestehendes Gebilde (Taf. I Fig. 10), bei den kleinen
Arten mehr kammartig gezackt oder gefiedert, von flächenhafter
Ausdehnung, die durch die wechselnde Zahl der Zacken mit der
Grösse der einzelnen Species entsprechend ab- und zunimmt. Bei
Planorbis carinatus Drp. und *marginatus* Müll. beträgt die Zahl
der Zacken über 40, bei *Planorbis vortex* L., *rotundatus* Moq.-Tand.
und *contortus* L. schwankt sie zwischen 20 und 30, während dagegen
Planorbis nitidus Müll. in der Regel nur 12 Zacken zeigt (Taf. I
Fig. 13). Diese Zacken münden sämtlich in das Vas deferens durch
kleine Öffnungen, sind also einzeln als Drüsenfollikel anzusehen in ganz
derselben Weise, wie wir das seinerzeit bei der gezackten Leber der
kleinen *Planorbis*-Arten zu konstatieren in der Lage waren. Bei
Planorbis corneus L. vereinigen sich nach Baudelot's Beschreibung
die Ausführungsgänge der einzelnen Prostatafollikel zu grösseren,

gemeinsamen Ausführungsgängen, welche ihrerseits die Wand des Vas deferens (BAUDELOT's prostatischen Teil) durchbrechend in dasselbe einmünden. Die Follikel zeigen im Durchschnitt eine zarte, pigmenthaltige, bindegewebige Hülle, welche sich vom Vas deferens aus über die einzelnen Zacken fortsetzt, und innen wandständig im Kreise herumgelagerte, sekretführende Zellen ohne Ausführungsgänge, welche also wohl genau auf die nämliche Weise, wie die Drüsenepithelzellen des oberen Teiles des männlichen Ganges ihr Sekret durch Sprengen der Wände entleeren. Eigentliche Kerne konnte ich in diesen Zellen ebensowenig, wie EISIG bei den Lymnaeiden, finden, sondern nur randständig gelegene, ganz unregelmässig gestaltete, strukturlose, durch intensive Farbstoffannahme sich auszeichnende Körner, und auch diese nur in der kleineren Anzahl der Zellen. Obwohl ich nicht nachzuweisen vermochte, dass diese Gebilde als metamorphosierte Kerne in Anspruch zu nehmen seien, ist doch wohl anzunehmen, dass dies Zellen sind, welche in jugendlichem Zustand mit gewöhnlichen Kernen ausgestattet waren. Ich habe von einem derartigen Prostatafollikel ein Querschnittbild auf Taf. I in Fig. 14 gegeben. Hinzufügen muss ich noch, dass bei *Planorbis corneus* L., bei dem die Prostata, wie wir wissen, ein massiges, kompaktes Gebilde vorstellt, die Follikel sämtlich, wie die Leberschläuche, in ein lockeres Bindegewebe eingelagert sind, über welches eine zarte, schwach pigmentierte Aussenhülle kontinuierlich hinwegzieht. Der Unterschied zwischen Planorbiden und Lymnaeiden besteht demnach in diesem Punkte darin, dass erstere eine als selbständige Drüse ausgebildete Prostata besitzen, während diese bei den Lymnaeiden durch eine blasige Erweiterung des oberen Teiles des Vas deferens ersetzt wird.

Gehen wir nun über zu dem unteren, dem cylindrischen (BAUDELOT's infraprostatischen) Teile des Vas deferens, so sehen wir, dass die drüsigen Epithelzellen in ein einfaches Wimperepithel übergehen und dass die Muskelschicht rasch zu einer enormen Dicke heranwächst. Ein Durchschnitt durch den cylindrischen Teil des vas deferens zeigt die Fortsetzung der dünnen, bindegewebigen und pigmenthaltigen Hülle, sodann eine ganz kolossale Ringmuskelschicht, die an das das enge Lumen auskleidende Wimperepithel direkt anstösst (Taf. II Fig. 15). Die von EISIG (l. c.) auch für den cylindrischen Teil des Vas deferens angegebene dünne Längsmuskelschicht konnte ich nicht auffinden. Auch KLOTZ (a. a. O. p. 25) hat keine Längsmuskelschicht erwähnt, obwohl sich doch kaum annehmen lässt, dass eine solche vollständig fehlt. Ausserdem findet EISIG zwischen der Ringmuskelschicht und dem das Lumen des Vas deferens auskleidenden Wimperepithel noch eine Schicht heller, rundlicher Zellen, welche durch eine äusserst spärliche Intercellularsubstanz verbunden sind, nach beiden Seiten hin eine Cuticula tragen und jedenfalls als Stützzellen fungieren sollen, während sie im Penis drüsiger Natur seien. Ich konnte diese Zellen niemals auffinden.

Unsere ferneren Untersuchungen führen uns jetzt zum Kernpunkt unserer Betrachtungen, zum Kopulationsorgan der Planorbiden, zum Penis, welcher bei keiner anderen Süsswasserpulmonatengattung gleich merkwürdige und interessante Verhältnisse erkennen lässt, Verhältnisse. die bis jetzt freilich noch nicht genügende Beachtung gefunden haben. Ficinus und Lehmann sind thatsächlich die einzigen Forscher, welche diesen eigentümlichen Organisationsverhältnissen einige Würdigung zu gute kommen liessen, sonst ist mir, wie gesagt, keine weitere Arbeit bekannt geworden, welche dieselben in irgendwelcher Weise behandelte. Aber schon Ficinus hat darin ein wichtiges Moment für die Diagnose der Arten erblickt, nachdem er erkannt hatte, dass das Kopulationsorgan eines Teiles unserer einheimischen *Planorbis*-Arten vor dem aller anderen Süsswasserpulmonaten dadurch sich auszeichnet. dass es mit einem stilettartigen Pfeil ausgestattet ist, während dieser einem anderen Teile derselben fehlt. Lehmann hat darauf fussend die gleich nachher erwähnte Einteilung der Gattung *Planorbis* vollzogen, wobei er allerdings noch andere Eigentümlichkeiten unserer Tiere berücksichtigte. Wie es mir aus seiner Beschreibung ersichtlich wurde. glaubte er diese Pfeilbildung als Analogon mit dem wohlbekannten und vielfach beschriebenen Liebespfeil anderer Lungenschnecken, hauptsächlich der Heliciden, betrachten zu können. Wir werden indessen später sehen. dass das Stilett der Planorben mit dem Liebespfeil der Heliciden höchstens funktionell, niemals aber morphologisch zusammengestellt werden kann. Lehmann schreibt an citiertem Orte:

„Es lassen sich von unseren lebenden Arten drei natürliche Gruppen bilden. die ich mit Übergehung früher aufgestellter Untergeschlechter, wie folgt, zusammenstelle:

a. Inermes.

Gehäuse ungekielt oder gekielt. Windungen schnell anwachsend. Wachstumsstreifen deutlich, keine Lamellen in der Mündung. Tier mit Drüsenapparat zum Erguss purpurroter Flüssigkeit: Stilett fehlt. Vas deferens geht oben aus der schlauchförmigen Rute ab.

Planorbis corneus L.

„　*marginatus* Drp.

„　*carinatus* Müll.

b. Armati.

Gehäuse ungekielt oder gekielt. Windungen sehr langsam oder schnell anwachsend, Wachstumsstreifen fein, Gehäuse mehr oder weniger glatt oder mit rippiger oder genetzter Skulptur. Keine Lamellen in der Mündung. Tier mit einem Stilett in den männlichen Geschlechtsorganen. Vas deferens geht endständig aus einer besonderen Erweiterung der Rute ab.

Planorbis contortus L.

„　*vortex* L.

„　*rotundatus* Moq.-Tand.

„　*albus* Müll.

c. Nitidi[1].

Gehäuse stark zusammengedrückt, gekielt, sehr glatt, letzte Windung überaus schnell zunehmend, innen ohne oder mit leistenartigen Lamellen, die sich quer gegenüberstehen, befestigt. Tier ohne Stilett. Vas deferens geht unterhalb einer endständigen Erweiterung der Rute ab.

Planorbis complanatus Drp.

„　*nitidus* Müll."

Ich habe diese Gruppierung Lehmann's gerade deshalb ausführlich wiedergegeben, weil ich zeigen wollte, dass die Hauptveranlassung zu dieser Einteilung für den Autor das Vorhandensein oder Fehlen des Stiletts war. Daher die Namen Inermes und Armati. Die anderen Eigenschaften, die Einmündungsstelle des Vas deferens und die schwankenden Merkmale in der Schalenstruktur sind sehr nebensächlich. Die dritte Gruppe Lehmann's halte ich daher von vornherein für hinfällig und wenngleich ich eine Spaltung der Gattung *Planorbis* nach dem Vorhandensein oder Fehlen des Stiletts in „Armati" und „Inermes" billige. sollen meine folgenden Ausführungen klarlegen, dass sich der bei den verschiedenen Arten so mannigfaltig ausgebildete Kopulationsapparat unserer Tiere vom Standpunkte des

---

[1] Ficinus stellt diese Gruppe den übrigen Arten als „Appendiculati" gegenüber, da der Penis blindsackartige Anhänge trägt, und erwähnt dabei, dass schon Flemming die beiden Repräsentanten als „Segmentina" vereinigt hatte, eine Bezeichnung jedoch, die nach Ficinus' Ansicht unrichtig ist.

vergleichenden Anatomen ganz leicht ineinander überführen lassen.
Wir werden dabei vor allen Dingen sehen, dass sowohl FLEINUS, als
auch LEHMANN in der Bezeichnung der korrespondierenden Teile des
Begattungsorganes irre geworden sind, ja wir werden überhaupt zu
der Überzeugung gelangen, dass auch unter den Zoologen die Nomenklatur der einzelnen Teile des Kopulationsapparates unserer Schnecken keine einheitliche ist, dass namentlich die Bezeichnung „Penis"
für verschiedene Teile im Gebrauch ist. Bald sehen wir diese Bezeichnung für den Teil des Kopulationsorganes in Anwendung bringen.
welcher bei der Begattung umgestülpt wird, bald wird das Endstück
des Vas deferens als Penis in Anspruch genommen, bald auch der
dieses Endstück umgebende Muskelschlauch.

Da nun, wie ich im Laufe der nachfolgenden Betrachtungen
klar legen werde, das Kopulationsorgan unserer Planorbiden 4 verschiedene morphologische Typen in seiner Ausbildung zeigt, die sich
in doppelter Weise wiederum zu je zwei vereinigen lassen, musste es
vor allen Dingen mein Bestreben sein, im Interesse einer vergleichend-
anatomischen Darstellung eine vollständig einheitliche Nomenklatur
der gleichwertigen Teile durchzuführen.

In Dr. BRONN's „Klassen und Ordnungen der Weichthiere" von
W. KEFERSTEIN bearbeitet, lesen wir, dass der Penis der Pulmonaten
seiner Bildung nach einfach als eine Erweiterung des Vas deferens
in Anspruch zu nehmen sei, bei der die Muskulatur der Wände sehr
vermehrt erscheint und das Cylinderepithel seine Cilien verliert, dafür
aber eine dicke Cuticula erhält.

Wir werden sehen, dass diese Auffassung in bezug auf das
Kopulationsorgan unserer Planorbiden vollständig hinfällig ist, wie
das auch schon EISIG hinsichtlich der Lymnaeen erkannt hat.

Dieser Autor nennt den Penis der Lymnaeen „nichts anderes
als die Verlängerung des Vas deferens". Er betrachtet die das
eigentliche Begattungsorgan umgebenden Muskelschläuche als die
erweiterte Fortsetzung der Wandungen des Vas deferens und teilt
diese Wandungen in zwei Teile ein, welche er den „grossen und
kleinen Schlauch" nennt. Der grosse Schlauch wird, wie er sagt.
bei der Copula umgestülpt und erscheint als weisses Band vor der
weiblichen Geschlechtsöffnung unter reichlicher Absonderung von
Schleim, während das Vas deferens, das heisst also der Penis, in
die Vulva eindringt.

Wir werden nun weiter sehen, dass diese Einteilung der Wandungen in den „grossen und kleinen Schlauch" hinsichtlich des Ko-

pulationsorganes der Planorben ebenfalls hinfällig wird. Wir werden
erkennen, dass bei den stilettführenden sowohl wie bei den von LEH-
MANN unter der Gruppe „Nitidi" vereinigten Arten der grosse Schlauch
zum kleinen und der kleine Schlauch zum grossen wird. Ich meine
natürlich dimensional und will bei dieser Gelegenheit anführen, dass
schon PAASCH bei den einzelnen Species der Lymnaeen das Längen-
verhältnis des grossen zum kleinen Schlauch als verschieden und
für die einzelnen Arten als charakteristisch erwähnt. KLOTZ macht
die Verhältnisse des Kopulationsorganes der Lymnaeiden an dem
Penis eines Säugetieres anschaulich. Ein Zurückziehen des Präputiums
entspricht demnach einer Umstülpung des Schneckenpenis und auch
bei den Schnecken hat man den EISIG'schen „grossen Schlauch"
Präputium genannt. Hier wie dort ist das Präputium umgestülpt, das
innere Epithel kommt nach aussen, und das Ende des Vas deferens,
der eigentliche Penis, ist blossgelegt. Im Interesse einer vergleichend-
anatomischen Darstellung habe ich nun für mehrere Teile eine andere Bezeichnung gewählt und diese auch schon bei der nachfolgenden allgemeinen Beschreibung des betreffenden Apparates in Anwendung gebracht.

Der Bau dieses Apparates ist folgender: Die Muskelwandungen
des Vas deferens spalten sich in kürzerer oder weiterer Entfernung
von der Ausmündung des Spermakanals derart, dass das Endstück
des Vas deferens einen kürzeren oder längeren papillenartigen Vorsprung bildet, durch welchen der Spermakanal ausmündet, während der übrige Teil der Muskelwand des Vas deferens als eine
Scheide über den papillenartigen Vorsprung hinwegzieht. Diesen
Vorsprung, also das innere durch die Spaltung der Muskelwand
des Vas deferens entstandene Endstück desselben nenne ich den
Penis, die äussere durch die nämliche Spaltung entstandene und
über dieses innere Endstück oder das Begattungsglied als Scheide
desselben sich hinweglegende Fortsetzung dagegen nenne ich, der
Bezeichnung von FICINUS folgend, den Schwellkörper. Letztere
Bezeichnung wähle ich auch aus dem Grunde, weil dieser Teil,
wie sich aus seiner histologischen Struktur, namentlich bei den
stilettführenden Planorben, entnehmen lässt, sowohl einer Schwel-
lung in der Richtung seines Querdurchmessers, als auch einer
Ausdehnung und Zusammenziehung in der Richtung seiner Längsaxe fähig ist. Dieser Schwellkörper setzt sich dann bei allen Planorben in den umstülpbaren Teil des Kopulationsapparates, in das
Präputium fort. An der Übergangsstelle dieser beiden Teile sitzt
ausnahmslos der Musculus retractor, welcher bei den drei grössten

Arten, *Planorbis corneus* L., *marginatus* MÜLL. und *carinatus* DRP.
ein kleineres Seitenbündel an den Schwellkörper selbst abgibt. Zur
Verdeutlichung des eben Gesagten mögen die schematischen Abbildungen des Kopulationsorganes auf Tafel III dienen.

Der Unterschied zwischen meiner und der Eisig'schen Nomenklatur ist also der, dass ich den „grossen Schlauch" das Präputium,
den „kleinen Schlauch" Schwellkörper nenne. Als eigentliches Begattungsglied nehme ich jedoch genau wie Eisig das Endstück des
Vas deferens in Anspruch.

Durch diese Bezeichnung weiche ich vor allen Dingen der Verle-
genheit aus, die Thatsache konstatieren zu müssen, dass bei den stilettführenden und auch einigen stilettlosen Planorben der „kleine Schlauch"
den weitaus grössten Teil des ganzen Kopulationsorganes darstellt,
während der grosse Schlauch zu einem untergeordneten Teile herab-
gesunken ist. Zu erwähnen ist auch noch, dass Eisig's „kleiner
Schlauch" bei einigen von unseren Planorben als besondere Ab-
teilung des Kopulationsorganes äusserlich gar nicht zu erkennen ist
und für diesen Fall die Bezeichnung nur in anatomischer Beziehung
Sinn hat. Ich glaube, dass auch deshalb die Bezeichnung „Schwellkörper" zweckmässiger ist.

Betrachten wir weiter die morphologischen und anatomischen
Verhältnisse des Kopulationsapparates unserer Planorbiden, so können
wir 4 Typen unterscheiden, von welchen sich je zwei in doppelter
Weise wiederum zusammenstellen lassen. Ich charakterisiere diese
Typen folgendermassen:

Typus I.

Präputium gross, keulenförmig mit grösstem Durchmesser am
proximalen Ende. Schwellkörper und Penis kurz. Schlitzförmige
Ausmündung des Spermakanals seitlich am Penis in der Nähe der
Spitze. Der Schwellkörper setzt sich scharf vom Präputium ab. Penis
straff und mit eichelartiger Anschwellung.

Repräsentant: *Planorbis corneus* L.

Typus II.

Präputium ziemlich kurz, kegelförmig mit grösstem Durchmesser
am distalen Ende, wo es unmittelbar in eine knopfartige Erweiterung des Schwellkörpers übergeht. Penis und der proximalwärts
sich bedeutend erweiternde Schwellkörper lang. Das proximale Ende
des Schwellkörpers trägt zwei blindsackartige Anhänge, die seitlich
am Penis befindliche Ausmündungsstelle des Spermakanals liegt weit
hinter der Spitze des Penis.

Repräsentanten: *Planorbis nitidus* MÜLL.
               „   *complanatus* DRP.

Typus III.

Präputium gross, keulenförmig mit grösstem Durchmesser am distalen Ende. Schwellkörper und Penis kurz. Ausmündung des Spermakanals an der Spitze des Penis. Der Schwellkörper bildet an der Übergangsstelle in das Präputium nach innen einen papillenartigen Vorsprung mit engem Centralkanal und geht unmerklich in das Präputium über.

Repräsentanten: *Planorbis marginatus* MÜLL.
               „   *carinatus* DRP.

Typus IV.

Präputium kurz, kegelförmig mit grösstem Durchmesser am distalen Ende. Schwellkörper und Penis sehr lang. Ersterer bildet an der Übergangsstelle in das Präputium eine knopfartige Anschwellung. Ausmündungsstelle des Spermakanals seitlich am Penis in der Nähe der Spitze desselben. Der Penis trägt an der Spitze einen stilettartigen Pfeil. Der Schwellkörper erweitert sich proximalwärts bedeutend und bildet an der Übergangsstelle in das Präputium nach innen einen papillenartigen Vorsprung (Stilettscheide) mit engem Centralkanal.

Repräsentanten: *Planorbis contortus* L.
               „   *vortex* L.
               „   *rotundatus* MOQ.-TAND.
               „   *albus* MÜLL.
               „   *cristatus* MÜLL.

Schematische Abbildungen der 4 Typen des Kopulationsapparates habe ich auf Tafel III gegeben.

Nehmen wir bei unseren näheren Betrachtungen zuerst einmal Typus I und II zusammen, so sehen wir, dass die am Penis seitlich gelegene schlitzartige Ausmündung des Spermakanales ein gemeinschaftliches Merkmal bildet. Vergleichen wir dann Typus III und IV, so bemerken wir, dass diese beiden Typen den papillenartigen Vorsprung im Innern des Schwellkörpers als Charakteristikum haben. Anderseits können wir aber auch Typus I und III zusammenfassen und diese beiden Typen den ebenfalls zusammengenommenen Typen II und IV gegenüberstellen. Typus I und III haben das grosse Präputium, den kurzen Schwellkörper und das kurze Begattungsglied ge-

meinsam, während den Typen II und IV wiederum der lange Schwellkörper und das lange Begattungsglied, das verhältnismässig kurze
Präputium und die eigentümliche knopfartige Erweiterung an der
Übergangsstelle des Schwellkörpers in das Präputium als gemeinschaftliches Merkmal zufällt.

Wir werden nun aber bei der folgenden Vergleichung der
anatomischen und histologischen Verhältnisse des Kopulationsorganes
zu der Überzeugung gelangen, dass sich in dieser Hinsicht sämtliche 4 Typen ohne Schwierigkeit ineinander überführen lassen.

Ich will dabei mit Typus I beginnen und knüpfe zunächst an
den in allgemeinen Umrissen bereits beschriebenen cylindrischen Teil
des Vas deferens an.

Wir haben gesehen, dass sich derselbe durch seine enorme
Ringmuskelschicht und sein enges Lumen auszeichnet. Dabei habe
ich zunächst noch hinzuzufügen, dass der betreffende Teil von der
Prostata an bis zum Übergang in den Schwellkörper nahezu den
gleichen Durchmesser beibehält. Er erweitert sich nur um ein We-
niges vor der Spaltung seiner Muskelwand zur Bildung des Schwellkörpers und des Penis. Dazu nimmt die Dicke der Ringmuskelschicht
erheblich ab und wird durch eine zu immer bedeutenderer Ausdehnung anwachsende Längsmuskelschicht ausgeglichen. Unmittelbar
vor der Spaltungsstelle der Muskelwand in Schwellkörper und Penis
erscheint die Ringmuskelschicht nur noch als dünnwandiges Rohr,
welches das sehr enge Lumen des Spermakanals umgibt. Zugleich
lagern sich in die Längsmuskelschicht allmählich immer zahlreichere
grosse runde Zellen ein. Diese Zellen haben, wie KLOTZ es in derselben Weise bei *Lymnaeus* beschreibt, einen homogenen, glashellen
Inhalt und verhältnismässig kleine Kerne. KLOTZ hat sie mit den
von EISIG l. c. p. 304 beschriebenen Bindesubstanzzellen verglichen
und nimmt sie, wie es auch EISIG thut, als Drüsenzellen in Anspruch.
Sie bilden ein lockeres Schleimgewebe, welches ein bedeutendes Mass
von Druck beim Durchstecken durch das bei der Copula sich um-
stülpende Präputium zulässt. Diese mit vielen Schleimzellen durch-
setzte lockere Längsmuskelschicht ist es also, welche bei Typus I
die Spaltung zur Bildung des Schwellkörpers und des eigentlichen Begattungsgliedes. des Penis, eingeht. EISIG sagt: „Im kleinen Schlauch,
d. h. also in unserem Schwellkörper. sitzt die Längsfaserschicht nicht
unmittelbar der Ringfaserschicht auf, sondern es folgt zunächst eine
dünne Lage von Bindesubstanzzellen, die den eigentlichen Penis vom
kleinen Schlauche trennt. Ich habe im Kopulationsorgane unserer

Planorbiden selbst mit der stärksten Vergrösserung solche Bindesubstanzzellen nicht auffinden können. Nach meinen Beobachtungen ordnen sich an der Spaltungsstelle der Muskelwand zunächst rundliche Zellen in zwei Lagen an, welche dann sofort divergieren und auf diese Weise einen Zwischenraum zwischen sich lassen, welcher nichts anderes als den Spaltraum zwischen Schwellkörper und Penis darstellt (Taf. II Fig. 1). Diese Zellen bilden demnach die epitheliale Auskleidung von Schwellkörper und Penis, und zwar bildet die äussere Lage das innere Epithel des Schwellkörpers und die innere Lage das äussere Epithel des Penis. Das innere Epithel des Schwellkörpers trägt keine Flimmerwimpern. Die äussere Umhüllung desselben besteht aus der Fortsetzung der zarten, pigmenthaltigen, bindegewebigen Membran des cylindrischen Teiles des Vas deferens. Der Spaltraum zwischen Schwellkörper und Penis erweitert sich gleichmässig bis zum Übergang des ersteren in das Präputium.

Die Spaltung der Muskelwand geht in der Regel nicht im ganzen Umkreis gleich tief in die Muskelschicht hinein, was zur Folge hat, dass man bei einer Schnittserie meistens zuerst ein sichelförmiges Lumen sieht, welches sich erst allmählich in ein ringförmiges umwandelt. Bei *Planorbis corneus* L., der einzigen Art, welche diesen Typus repräsentiert, messen Penis und Schwellkörper annähernd 1 mm, während das Präputium eine Länge von 8 mm aufweist.

Gehen wir nun über zu dem in diesen Verhältnissen dem Typus I am nächsten stehenden Typus III. Wir finden zuvörderst ein ganz ähnliches Verhalten, was den cylindrischen Teil des Vas deferens anbelangt. Wir beobachten ebenfalls die weitaus präponderierende Ringmuskelschicht, welche aber auch hier sich allmählich zu gunsten der Längsmuskelschicht reduziert. Die grossen, runden Schleimzellen fehlen in dieser Längsmuskelschicht, obwohl dieselbe von der Spaltungsstelle an schnell eine sehr mächtige Ausdehnung annimmt. Dagegen geht die Einlagerung von Zellen zur Bildung des epithelialen Überzuges des Schwellkörpers und des Penis in der nämlichen Weise vor sich, wie wir es bei der Betrachtung des Typus I kennen gelernt hatten.

Es kommt nun aber bei diesem Typus etwas Neues hinzu, nämlich die Bildung des schon bei der übersichtlichen Charakterisierung namhaft gemachten papillenartigen Vorsprunges im Innenraume des Schwellkörpers an der Übergangstelle desselben in das Präputium. Dieses (wie man das Gebilde nennen könnte) innere Präputium, durch welches bei der Copula das Begattungsglied zweifels-

ohne hindurchgeführt wird [1], entsteht auf ganz dieselbe Weise, wie
der Penis selbst, nämlich durch Spaltung der Längsmuskelwand.
Und hier sehen wir nun direkt vor dieser Spaltung dieselben grossen,
runden Schleimzellen sich in immer grösserer Anzahl in die lockere
Muskelschicht einlagern, wie wir es bei der Betrachtung der Spaltung der Muskelwand zur Bildung des Schwellkörpers und des Penis
bei dem Typus I zu konstatieren in der Lage waren. Ebenso tritt
uns in ganz gleicher Weise die Bildung des neuen Epithels durch
zwei Lagen von Zellen vor Augen. Die Spitze des Penis stösst fast
unmittelbar an das hintere Ende dieses papillenartigen Vorsprungs
an, so dass der Spermakanal direkt in den centralen Kanal desselben
sich fortsetzt. Das Lumen dieses Kanales ist sehr eng. Eine dünne
Ringmuskelschicht setzt sich bis an die Spitze des Vorsprungs und
zwar direkt um das Lumen des Kanals fort, während die übrige
Masse aus einer lockeren, bindegewebigen Schicht besteht, in welcher man zerstreute Längsmuskelfasern wahrnehmen kann.

So lässt es sich denn annehmen, dass der papillenartige Vorsprung mit seinen Wandungen einem Druck ebenso nachzugeben vermag, wie das Präputium. Im Übrigen will ich auf dieses Gebilde bei der
Betrachtung der Verhältnisse des Typus IV noch einmal eingehender
zurückkommen, denn dort ist dasselbe am deutlichsten ausgebildet.

Der Schwellkörper stellt, wie wir gesehen haben, bei den Typen
I und III die direkte äussere Fortsetzung der Längsmuskelwand des
cylindrischen Teiles des Vas deferens dar. Ebenso wissen wir, dass
sich derselbe bei den beiden Typen gegen den Übergang in das Präputium hin stetig erweitert. Ein Durchschnitt durch den Schwellkörper zeigt, dass diese Erweiterung durch immer zahlreicher sich
einlagernde Bindegewebs- und Schleimzellen erfolgt. Dabei darf
jedoch eine weitere Erscheinung nicht verschwiegen werden. Es

[1] Es ist mir leider nie gelungen, die Kopulationsorgane unserer Tiere in
ihrer Stellung beim Begattungsakte zu untersuchen. Von den in den Aquarien
des zoologischen Institutes gehaltenen Planorben haben sich nach meinen Beobachtungen überhaupt nur *Planorbis corneus* L. und *Planorbis vortex* L. be-
gattet. Sämtliche andere Arten, ausgenommen *Planorbis rotundatus* Moq.-Tand.,
welchen ich aber auch niemals in Copula antraf, gingen meist wenige Tage nach
dem Einfangen zu Grunde. Bei *Planorbis corneus* L. versuchte ich die Fixa-
tion der Stellung des Begattungsgliedes durch plötzliches Abschneiden des aus
dem Gehäuse hervorragenden Körperteils zu gewinnen. Allein alle Versuche
waren vergeblich. *Planorbis vortex* wollte ich durch plötzliches Übergiessen
mit erwärmtem Sublimat fixieren, es war mir jedoch absolut unmöglich, in dem
dazu nötigen kleinen Wasserbehälter die Tiere jemals zur Copula zu bringen. Ich
hoffe aber auf ein späteres, zufälliges Gelingen eines derartigen Experimentes.

ist das eine neue Ringmuskelschicht, welche sich sofort nach der Spaltung der Längsmuskelschicht des cylindrischen Teiles des Vas deferens in Schwellkörper und Penis zwischen das neugebildete innere Epithel und die Längsmuskelschicht des Schwellkörpers einschaltet, denn die Ringmuskelschicht, welche im cylindrischen Teil des Vas deferens noch übrig war, ist ja ganz allein in das Begattungsglied eingetreten. Ich habe diese Verhältnisse an dem Durchschnitt in der Längsaxe durch das gesamte Kopulationsorgan einer stilettführenden Planorbide auf Taf. II Fig. 1 anschaulich gemacht. Diese neue Ringmuskelschicht geht auch in das Präputium über und setzt sich durch den ganzen Verlauf desselben fort.

Betrachten wir weiter noch den bei den Typen I und III in seiner ganzen Beschaffenheit und relativen Grösse sehr ähnlich sich verhaltenden umstülpbaren Teil des Kopulationsapparates, das Präputium.

In erster Linie dürfen wir dabei erwarten, dass an Stelle der kräftigen Muskelwandungen, wie sie uns bei der Betrachtung des cylindrischen Teiles des Vas deferens entgegengetreten waren und wie wir sie bei den Typen II und IV auch noch in dem ganzen Verlauf des Schwellkörpers antreffen werden, in diesem Teile des Kopulationsapparates ein lockeres, dehnbares Gewebe Platz greift. Und in der That sehen wir, dass einerseits die Ringmuskelschicht nur noch einen ganz dünnen, direkt an das das Lumen auskleidende Epithel anstossenden Muskelschlauch repräsentiert, anderseits aber die Längsmuskelschicht noch mehr, als wir bei der Betrachtung des Schwellkörpers der Typen I und III erkannten, von grossen Bindegewebs- und Schleimzellen durchlagert ist und zwar hauptsächlich in der Peripherie. Es unterliegt keinem Zweifel, dass diese an der Peripherie besonders grossen Schleimzellen, welche beim Umstülpen natürlich nach innen kommen, durch den notwendig damit in Verbindung tretenden Druck ihren Schleim entleeren (Taf. I Fig. 17). Es ist daher irrig, wenn man in früheren Zeiten das Präputium als denjenigen Teil des Kopulationsorganes betrachtete, in welchem die Muskelwandungen ausserordentlich verstärkt seien. Was die Dimension anbelangt, so haben sie sich freilich verstärkt, aber hinsichtlich der Konsistenz bedeutend vermindert. Die äussere Umhüllung des Präputiums ist genau so beschaffen, wie diejenige, welche in Form einer zarten, bindegewebigen, mehr oder minder pigmentierten Membran über den ganzen männlichen Teil des Genitaltraktus hinzieht. Das Lumen des Präputiums hat bei den Typen I und III in seinem oberen Teil auf dem Querschnitt eine hantelförmige Gestalt (Taf. I Fig. 18), welche gegen den unteren Teil hin in eine mehr oder weniger regelmässige S-Form übergeht. Dieses Durchschnittsbild entsteht dadurch, dass sich die Wandungen des Präputiums in zwei Längswülsten von diametral gegenüberliegenden Seiten aus entgegenwachsen und mit ihren Rändern nach und nach bei gleichzeitigem Ausweichen übereinander greifen.

Die Auskleidung des Lumens ist ein ziemlich grosszelliges, flimmerloses Cylinderepithel, welches in der Regel auf den Kämmen der beiden Längswülste am höchsten ist.

Es bleibt uns nun für die beiden Typen I und III noch die Betrachtung des Penis übrig.

Wie wir sahen, gleichen sich die beiden Typen dadurch, dass sie ein sehr kurzes Begattungsglied aufweisen, während sie sich jedoch anderseits dadurch unterscheiden, dass bei Typus I die Ausmündungsstelle des Spermakanals seitwärts nahe der Spitze des Penis, bei Typus III hingegen an der Spitze selbst liegt. Bei beiden Typen ist auch die Gestaltung des Penis ziemlich übereinstimmend. Er hat die Gestalt einer kurzen Keule, indem er sich direkt vor dem Ende etwas verjüngt und schliesslich wieder zu einem kleinen Knoten, einer Art Eichel, die eine straffe Konsistenz zeigt, anschwillt. Ein Längsschnitt durch den Penis zeigt, namentlich bei Typus III, die weitaus präponderierende Längsmuskelschicht, welche innen an die zu einem dünnen Rohre reduzierte Ringmuskelschicht anstösst. Diese Verhältnisse beweisen, dass das Begattungsglied sich bedeutend verlängern und verkürzen kann, denn sonst wäre ja bei Typus III ein Hervorragen über den papillenartigen Vorsprung nicht leicht denkbar, da der Penis an seinem proximalen Ende mit dem Schwellkörper verwachsen ist. In dem knopfförmigen Ende trifft man namentlich bei Typus I mehr oder weniger zahlreiche, runde Zellen mit grossen Kernen, die auch hier wahrscheinlich wieder die Rolle von Schleimzellen spielen. Das äussere Epithel des Penis ist ziemlich flach, pflasterartig, das innere dagegen ist ein schönes Flimmerepithel, wie solches ja auch das ganze Lumen des cylindrischen Teiles des Vas deferens auskleidet.

Ich mache bei dieser Gelegenheit darauf aufmerksam, dass meine Beschreibung des Kopulationsapparates von *Planorbis corneus* L., der ja einzig den Typus I repräsentiert, ein wesentlich anderes Bild liefert, als die Darstellung Bardelot's. Dieser Forscher sagt an jener Stelle: „Der Penis repräsentiert einen kleinen Sack, dessen Öffnung kurz hinter der Basis des linken Tentakels liegt. Er sieht äusserlich schwarz aus. ist bedeckt von einer Membran, die sehr adhärent ist. In ihr inserieren sich 2 bis 3 kleine Muskeln. Öffnet man den Penissack, so sieht man, dass seine Wände sehr dünn sind. Im Grunde seiner Höhlung ragt ein cylinderförmiges Organ hervor, welches über sich selbst zurückgeschlagen ist. Dieses Organ spielt die Rolle einer Rute und die Rinne, welche es zeigt, hat keinen andern Zweck, als das im Innern des Vas deferens fliessende Sperma aufzunehmen und an sein Ziel zu leiten. Die Rute ist sehr fest, an einigen Stellen von fast knorpeliger Zähigkeit (dureté cartilagineuse). Am oberen Ende des Penissackes zeigt sich ein weiter Schlitz in Form eines Dreiviertelkreises, dessen Enden sich mit den Seitenteilen der Rute in Verbindung setzen. Man sieht in seiner Mitte die Mündung des Vas deferens, von welcher die Rinne der Rute ausläuft."

Ich muss gestehen, dass mir die angegebenen Verhältnisse bei der Präparation niemals klar geworden sind. Ich griff deshalb zur Schnittmethode, welche die von mir dargestellten Thatsachen ergeben hatte, und mache auf meine Abbildung eines Querschnittbildes direkt unterhalb der Penisspitze von *Planorbis corneus* L. aufmerksam. Dieselbe zeigt deutlich die seitlich befindliche Spermakanalmündung.

Es liegen für unsere weiteren Betrachtungen nunmehr die Typen II und IV vor. Diese beiden Typen, namentlich der letztere. zeigen im Vergleich mit den Typen I und III einen viel komplizierteren und scheinbar ganz abweichenden Bau. Bei näherer Untersuchung jedoch führen sie trotzdem zur Überzeugung, dass die Verhältnisse im Prinzip die nämlichen sind. Da aber einerseits der Typus IV der komplizierteste von allen ist und nur von unseren stilettführenden Planorbiden repräsentiert wird, anderseits der Typus II durch die blindsackartigen Anhänge sich auszeichnet, werde ich diese beiden Typen nicht wie die zwei anderen gemeinschaftlich, sondern getrennt abhandeln und mit dem Typus II beginnen.

Das distale Ende des cylindrischen Teiles des Vas deferens verhält sich genau so, wie wir bei Typus III gesehen haben. Es findet also eine Einlagerung von Schleimzellen nicht statt und die Ringmuskulatur reduziert sich direkt vor der Spaltungsstelle der Muskelwand sehr plötzlich zu gunsten der die Spaltung eingehenden Längsmuskulatur. Die Spaltung selbst ist keine so allmähliche, wie bei Typus I oder III, sondern eine sehr jähe, indem die Längsmuskelschicht sich in sehr steilem Winkel knickt. Dabei ist es der weitaus grösste Teil der Längsmuskelschicht, welcher zur Bildung des Schwellkörpers, der hier eine relativ sehr bedeutende Grösse hat, sich abspaltet. Die für diesen Typus charakteristische Ausweitung desselben am proximalen Ende trägt jene merkwürdigen, blindsackartigen Anhänge, die von FICINUS als sekundäre Samenbehälter gedeutet wurden. Es lagern sich auch hier, genau wie bei den andern Typen, in den Spaltraum Epithelzellen ein, um den Schwellkörper nach innen und das Begattungsglied nach aussen zu bekleiden. Der Schwellkörper verjüngt sich nun bei diesem Typus nach vorne bedeutend, um schliesslich wieder rasch zu einer knopfartigen Erweiterung anzuwachsen, welche FICINUS irrigerweise als Glans penis gedeutet hatte. Der Zwischenraum zwischen Schwellkörper und Penis ist demnach hier am proximalen Ende, also sogleich nach der Spaltung am grössten und vermindert sich distalwärts, das heisst gegen das Präputium hin. Diese Erscheinung, welche wir, wenn auch nicht in so auffallender Weise, bei Typus IV antreffen werden, bildet den Hauptunterschied dieser beiden Typen gegenüber den Typen I und III, bei denen, wie wir gesehen haben, der Zwischenraum zwischen Schwellkörper und Penis gegen das Präputium hin stetig sich vergrössert.

Was die histologischen Verhältnisse des Schwellkörpers, sowie die knopfartige Erweiterung desselben und das Präputium anbetrifft, so behalte ich mir die Beschreibung dieser Teile bis zur Besprechung des letzten Typus vor. Dort werden wir alle diese Verhältnisse in noch weit vollkommenerer Ausbildung antreffen. Dagegen möchte ich noch einige Worte über die für den Typus II charakteristischen, blindsackartigen Anhänge am proximalen Ende des Schwellkörpers sprechen. Wie schon FICINUS erwähnt, bestehen diese Anhänge bei dem einen Repräsentanten des Typus, *Planorbis nitidus* MÜLL., aus zwei Blindsäckchen, bei dem anderen, *Planorbis complanatus* DRP., aus zwei kugeligen Bläschen, während LEHMANN bei ersterem die Anhänge den zungenförmigen Teil, bei letzterem einen birnförmigen Ansatz der Rute nennt. Ich habe ähnliche Erscheinungen, wie sie FICINUS beschrieb, ebenfalls gefunden, muss aber leider eingestehen, dass es mir nicht gelang, mir ein klares Bild von ihren morphologischen und histologischen Verhältnissen zu machen. Die Gebilde sind so minutiös und so zart, dass es schwer gelingt, sie unversehrt mit dem Kopulationsorgan zu isolieren. Auf Schnittpräparaten bekam ich Bilder von bindegewebigen Zellenhaufen, welche keine bestimmten Schlüsse hinsichtlich der funktionellen Eigenschaften dieser Anhangsgebilde zulassen. Als sekundäre Samentaschen möchte ich sie jedenfalls nicht in Anspruch nehmen, da ich niemals ein Lumen bemerkte. Sie bilden aber ein sehr charakteristisches Merkmal für diesen Typus.

Schliesslich wäre noch hervorzuheben, dass der Schwellkörper bei diesem Typus sich distalwärts besonders stark verjüngt, die knopfartige Erweiterung desselben aber nach innen keinen deutlichen papillenartigen Vorsprung bildet, wie wir einen solchen bei Typus III anzutreffen Gelegenheit hatten. Bei Typus IV, wo er am vollkommensten ausgebildet ist, soll er einer eingehenden Betrachtung gewürdigt werden.

Interessant ist jedoch, was wir schon bei Aufzählung der Charakteristika hervorgehoben haben, die Bildung des Begattungsgliedes bei diesem Typus, indem nämlich die Mündung des Spermakanales nicht, wie bei den andern drei Typen, an der Spitze oder seitlich neben der Spitze des Penis liegt, sondern weit zurück gerückt ist. so dass sie der Wurzel des Schwellkörpers näher zu liegen kommt, als der Spitze des Penis. Der Penis ist also hier nicht in seiner weitaus grössten Ausdehnung, wie bei den anderen Typen, ein mit starken Muskelwandungen ausgestatteter Kanal, es stellt vielmehr der grössere Teil desselben einen langen und massiven, kegelförmigen Zapfen dar.

Wir haben bei der Beschreibung des Begattungsgliedes der Typen I und III gesehen, dass es hauptsächlich die Längsmuskelschicht ist, welche die Masse des Penis repräsentiert, und dass die Ringmuskelschicht nur als dünner Muskelschlauch zwischen dieser Längsmuskelschicht und dem das Lumen des Penis auskleidenden Wimperepithel bis zur Spitze desselben hinzieht.

Dasselbe treffen wir hier auch an, ja wir erkennen weiter. dass der massive, langgestreckte Zapfen aus nichts anderem als aus der Fortsetzung der Längsmuskulatur besteht, welche mit einem flachen Epithel überzogen ist. Wir haben also die nämlichen Verhältnisse vor uns, wie wir sie bei dem Typus I kennen gelernt haben, nur dass hier die massive Penisspitze eine enorme Länge erreicht hat.

Diese lange Penisspitze ist demnach zweifelsohne sehr stark dehnbar und zusammenziehbar und wirkt offenbar, worauf ich bei späterer Gelegenheit nochmals zu sprechen kommen werde, bei der Copula als Reizorgan. Am äussersten Ende beherbergt dieselbe ausserdem noch eine Lage runder Zellen mit grossen Kernen, welche jedenfalls beim Akte der Begattung Schleim absondern.

Der Schlussabschnitt unserer Abhandlung über den Kopulationsapparat der Planorbiden soll nun die genaue Untersuchung der morphologischen und anatomischen Verhältnisse des letzten Typus, des kompliziertesten von allen, des Typus IV, umfassen. Es ist dies derjenige Typus, welchen, wie wir wissen, die stilettführenden *Planorbis*-Arten repräsentieren und welchen wir, abgesehen von seinen besonderen Eigenschaften, schon deshalb am eingehendsten behandeln müssen, weil er die Eigenschaften der übrigen Typen grösstenteils in vollendetster Ausbildung aufweist. Wir werden später von einem anderen Gesichtspunkt aus diesen Typus als den ersten von den vieren aufstellen dürfen.

Der cylindrische Teil des Vas deferens behält auch hier seinen histologischen Bau bis kurz vor die Stelle, wo die Spaltung der Muskelwand zur Bildung des Schwellkörpers und des Penis vor sich geht. Er behält also vor allem seinen Durchmesser und die gewaltige Ringmuskelschicht bei. Fast gleichzeitig mit der Spaltung sieht man die Ringmuskelschicht plötzlich sich zu gunsten der Längsmuskelschicht reduzieren, welche aber auch hier keine Schleimzellen in sich aufnimmt. Die Spaltung der Längsmuskelschicht erfolgt im ganzen Umkreis ziemlich gleichmässig (Taf. II Fig. 1). Die sich abspaltenden Längsmuskelfasern gehen in nahezu rechtem Winkel von den die Wandung des Penis bildenden ab, und zwar ist es auch hier, wie bei dem Typus II, der weitaus grösste Theil der Längsmuskelschicht, welcher zur Bildung des Schwellkörpers abzweigt. Epithelzellen lagern sich in gleicher Weise, wie bei den andern Typen sowohl an der Innenfläche des Schwellkörpers als auch an der Aussenseite des Penis auf. Das flimmerlose Epithel des Schwellkörpers wird weiter distalwärts, also gegen die knopfartige Erweiterung hin, zu einem schönen und hohen Cylinderepithel, das auf dem Querschnitt stellenweise die Figur eines ziemlich regelmässigen, fünfstrahligen Sternes zeigt, während das den Penis überziehende Epithel sehr flach bleibt und denselben zartmembranösen Charakter zeigt, wie der äussere pigmenthaltige Überzug des cylindrischen Theiles des Vas deferens, welcher sich auch in dieser Eigenschaft als äussere Bedeckung des Schwellkörpers fortsetzt. Die mächtige, zur Bildung des letzteren in nahezu rechtem Winkel abgezweigte Längsmuskelschicht macht, sobald sie das Maximum ihres Durchmessers erreicht hat, eine Biegung und folgt sodann, nach und nach nicht unbeträchtlich sich verjüngend, dem Verlauf des Penis, indem sie gegen die Spitze desselben konvergiert und auf diese Weise den Innenraum zwischen ihm und dem Schwellkörper allmählich verringert. Sie verhält sich in dieser Hinsicht genau, wie wir es bei Typus II erkannt haben. An der Stelle des Maximaldurchmessers der Muskelwand des Schwellkörpers bilden die zu gewaltiger Dicke

angewachsenen Muskelfasern durch kreuzweise Durchflechtung ein
ziemlich lockeres Netzwerk (Taf. II Fig. 1), dessen Maschenräume
meiner Ansicht nach Bluträume vorstellen, durch deren Füllung ein
Anschwellen dieses Teiles bedingt wird. Ich habe auch aus diesem
Grunde die Bezeichnung „Schwellkörper" gewählt, während ich anfangs dem Teile die Benennung „Penisscheide" zu geben beabsich-
tigt hatte. An der Peripherie macht dieses Netzwerk einer mehr
parallelen Gruppierung der Muskelfasern Platz. Ebendieselbe Lagerung nehmen die Fasern allmählich auch in ihrem Verlaufe nach
abwärts an. Die Spaltung der Längsmuskelschicht des cylindrischen
Teiles des Vas deferens zur Bildung des Schwellkörpers und des
Penis geht in fast rechtem Winkel vor sich. Es sieht deshalb aus,
als seien die grossen Muskelfasern des Schwellkörpers in die in gerader Richtung weiterlaufenden kleinen Muskelfasern des Penis senkrecht eingekeilt.

In den grossen, kreuzweise verflochtenen Muskelfasern sah ich
niemals Kerne, wohl aber in den parallel liegenden, peripherischen,
wie auch in denjenigen, welche dem verjüngten Teile des Schwellkörpers angehören. Sie sind sämtlich, wie gewöhnlich, durch sehr
langgestreckte Form ausgezeichnet.

In kurzer Entfernung von der Spaltungsstelle der Muskelwand
des Vas deferens lagert sich in dem dadurch gebildeten Schwellkörper zwischen die Längsmuskelschicht und das neu gebildete innere
Epithel bei unserem Typus IV von neuem eine spärliche Ringmuskelschicht ein, welche sich im ganzen Verlaufe des Schwellkörpers erhält.

Betrachten wir die Stelle, wo der Schwellkörper in das Präputium übergeht, so fällt uns eine, schon bei Typus II erwähnte,
bei dem Typus IV aber besonders schön entwickelte knopfartige
Erweiterung auf. Sie ist dasselbe Gebilde, welches einerseits Ficinus als Glans penis, anderseits Lehmann als Pfeiltasche analog
der der Heliciden in Anspruch nehmen zu können glaubte, weil es,
wie wir sogleich sehen werden, im Ruhezustand des Kopulationsorganes das Stilett enthält (Taf. II Fig. 1).

Diese knopfartige Anschwellung und namentlich der im Inneren derselben, schon bei Typus III erwähnte, papillenartige Vorsprung bildet sich im Grund genommen durch den gleichen Prozess,
wie Schwellkörper und Penis. Wir finden nämlich die merkwürdige Thatsache, dass sich auch hier die Längsmuskelschicht des ersteren in der gleichen Weise spaltet, wie wir es bei dem cylindrischen Teile des Vas deferens zur Bildung von Schwellkörper und

Penis beobachtet haben. indem hier, wie dort, die Muskelfasern in
steilem Winkel abzweigen, um dann wieder allmählich in die alte
Richtung einzubiegen (Taf. II Fig. 1). Die zarte Ringmuskelschicht,
welche sich nach der Spaltung der Längsmuskelschicht des cylindrischen Teiles des Vas deferens zur Bildung von Schwellkörper und
Penis zwischen das innere Epithel und die Längsmuskelschicht des
ersteren eingeschaltet hatte, verläuft bis an die Spitze des papillenartigen Vorsprunges. geht also nicht in die Spaltung mit ein. Auf
diese Weise wird die Wand der knopfartigen Erweiterung des Schwellkörpers lediglich aus Längsmuskulatur gebildet. Nur im Präputium
kommt es wieder zur Bildung einer spärlichen Ringmuskelschicht, die
zwischen das innere Epithel und die bindegewebige Wand sich einschaltet.

In dem papillenartigen Vorsprung liegt nun, wie erwähnt, im
Ruhezustand des Kopulationsorganes das Stilett unserer Schnecken.
und zwar so. dass es mit seiner Spitze in den centralen Kanal des
papillenartigen Vorsprungs bis zur halben Ausdelmung desselben
hineinreicht. Man kann daher bei diesem Typus den papillenartigen
Vorsprung schlechthin als „Stilettscheide“ bezeichnen und kann weiterhin den engen Centralkanal desselben, dessen Wände von der
Mantelfläche des konischen Stiletts berührt werden, als Führungs-
cylinder desselben ansehen, da es durch ihn in seiner Lage erhalten wird.

Bei Typus III, wo das Stilett fehlt, hat der papillenartige Vorsprung natürlich die Funktion als Stilettscheide verloren und dem-
gemäss denn auch an Länge bedeutend abgenommen. Hinsichtlich
ihrer histologischen Struktur ist die Stilettscheide genau so gebaut,
wie der Penis. Sie besteht vorwiegend aus Längsmuskulatur. welche
sie zu einer beträchtlichen Delnung und Zusammenziehung befähigt.
Daneben finden sich zwischen den Muskelfasern zahlreiche helle
Zellen von rundlicher Form und ansehnlicher Grösse. Dieselben enthalten aber sehr kleine Kerne. Sie liegen an der Spitze unmittelbar
der spärlichen Ringmuskelschicht auf und vermutlich haben sie die
Bedeutung. durch Elasticität wie ein Polster zu wirken.

Die Basis der Stilettscheide liegt höher als die Ansatzstelle des
Musculus retractor an der knopfartigen Erweiterung des Schwellkörpers.
Man darf also wohl vermuten, dass sie ohne Änderung ihrer Stellung mit
der knopfartigen Erweiterung durch das Präputium hindurchgeschoben
wird. Das im verjüngten Teile des Schwellkörpers zu einem hohen Cylinderepithel gewordene innere Epithel geht unmittelbar in das Epithel
des Stilettscheidenkanals über, indem es sich bedeutend verflacht. Der
Kanal mündet genau an der Spitze der Stilettscheide. Hinzuzufügen

wäre noch, dass sich vor der Spaltung der Längsmuskelschicht des
Schwellkörpers zur Bildung der Wand der knopfartigen Erweiterung
und der Stilettscheide ebenfalls eine Doppellage von Zellen einlagert,
die dann später in die Epithelzellen des Spaltraumes übergehen. Die
Einlagerung einer neuen Ringmuskelschicht erfolgt, um es nochmals
zu erwähnen, nicht hier, sondern erst im Präputium. Kurz vor dem
Übergang in dasselbe verjüngt sich die knopfartige Erweiterung des
Schwellkörpers wieder um ein bedeutendes Mass und wir sehen, dass
die Muskelwand derselben durch eine hohe, wellenförmige Erhebung
einen Ringwulst bildet, dessen Kamm von der Spitze der Stilettscheide nahezu berührt wird (Taf. II Fig. 1). In der Höhe dieses
Ringwulstes beginnt die Einlagerung der grossen Bindegewebs- und
Schleimzellen, welche mehr und mehr an Stelle der Längsmuskelschicht treten und diese somit in den Wandungen des Präputiums
auf ein Minimum beschränken.

Über das Präputium selbst ist kaum etwas Besonderes zu sagen,
dasselbe verhält sich in ganz ähnlicher Weise, wie bei den übrigen Typen.
Es bleibt nur hinzuzusetzen, dass sein Volumen mit Rücksicht auf
die durchzuschiebende knopfartige Erweiterung relativ viel grösser
ist, als bei den Typen I und III, die Längswülste seiner Wand sich
also viel weniger hoch erheben.

Hinsichtlich des Typus II ist schliesslich noch zu bemerken,
dass hier ein Stilett nicht vorhanden ist. Damit stimmt auch, dass
die Stilettscheide nur durch eine kleine Wulstung der Wand der
knopfartigen Erweiterung, die hier ebenfalls viel geringer ist, als bei
dem Typus IV, angedeutet wird, also noch viel rudimentärer geworden ist als bei dem Typus III. Es hat mich dieser Umstand auch
dazu veranlasst, die Reihenfolge der Typen in der voranstehenden
Weise zusammenzustellen. Die Erscheinung, durch welche sich der
Typus II dem Typus IV nähert, ist die verhältnismässig beträchtliche
Grösse und die Gestalt des Schwellkörpers. Durch die Vereinfachung
der anatomischen Verhältnisse desjenigen Teiles, welcher den Übergang des Schwellkörpers in das Präputium darstellt und bei Typus II
und IV von mir als „knopfartige Erweiterung" beschrieben ist, nähert
sich der Typus II wiederum den Typen I und III. Wir können somit in Typus II anderseits wiederum den Übergang von Typus IV
zu den Typen III und I erblicken, während der Typus III in bezug
auf die Beschaffenheit des papillenartigen Vorsprungs den Übergang
von Typus IV zu Typus II vermittelt.

Unsere folgenden Betrachtungen erstrecken sich jetzt über das

Begattungsglied der stilettführenden Planorben, also derjenigen Arten, welche wir in Typus IV vor uns haben.

Parallel mit der relativ bedeutenden Längendimension des Schwellkörpers geht selbstverständig die des Penis. Der Spermakanal mündet aber bei Typus IV nicht entfernt von der Spitze des Penis aus, sondern, wenn auch seitwärts, so doch unmittelbar unterhalb derselben. Die Mündung hat die Form eines Schlitzes (Taf. II Fig. 1 und Taf. I Fig. 16). Die histologischen Verhältnisse des Penis weichen in keiner Weise von denjenigen ab, welche wir bei den anderen Typen kennen gelernt haben. Wir sehen die vorwiegende Längsmuskelschicht, die dünne Ringmuskelschicht, das flache äussere Epithel und das innere, mit schönen Flimmerwimpern ausgestattete Cylinderepithel. Die infolge der seitlich liegenden Mündung des Spermakanals massive Spitze des Penis ist in der gleichen Weise, wie bei den anderen Typen keulenkopfförmig verdickt.

Dazu kommt aber bei diesem Typus der der Penisspitze aufsitzende, schon des öftern erwähnte stilettartige Pfeil hinzu, welcher unsere besondere Aufmerksamkeit in Anspruch nehmen wird. Die Form des Pfeiles ist nicht bei allen stilettführenden Arten gleich. Er hat vorzugsweise die Gestalt eines äusserst schlanken Kegels, dessen Wandungen etwas geschweift sind. Die Basis des Pfeils gleicht einer trichterförmigen Krone. Bei einigen, aber nicht bei allen Pfeilen, sah ich direkt unter der ausserordentlich scharfen, aber meist etwas seitwärts abgebogenen Spitze eine kleine Verdickung, so dass die Stilettspitze die Form eines Widerhäkchens erhält. Sämtliche Pfeile, welche diese Erscheinung zeigten, gehörten *Planorbis vortex* L. an. Bei den anderen Arten hat der Pfeil vorwiegend die Gestalt eines spitzen Kegels.

Die Farbe des Pfeiles, ein schönes Hellbraun bis Blassgelb, stimmt im allgemeinen mit der Farbe der Schale überein. Um mich von dem Stoff des Pfeiles zu überzeugen, behandelte ich das minutiöse Gebilde unter dem Mikroskope mit einem Tropfen verdünnter Salzsäure. Der zerstörenden Einwirkung derselben konnte man entnehmen, dass hier ein kalkhaltiges, cuticulares Skelettstück vorliegt. In Kali löste sich der Pfeil nicht auf. Es unterliegt daher keinem Zweifel, dass derselbe aus der gleichen Substanz besteht, wie die Schale, nämlich aus Konchiolin. Fixnus beschreibt das Stilett als einen fast der ganzen Länge nach durchbohrten Pfeil, indem sein oberes, knopfförmiges, gespaltenes Ende (Manubrium) das Vas deferens aufnimmt, sein unteres aber dicht vor der Spitze wieder eine

4*

schlitzförmige Öffnung sehen lässt. Man sieht allerdings, besonders
bei jugendlichen Exemplaren, aber auch bei alten Tieren mit völlig
ausgebildeten Stiletten mit Hilfe des Mikroskops deutlich, dass im
Centrum derselben die Masse viel durchscheinender ist, als die peripherischen Teile und dass diese central gelegene durchsichtige Partie
sich verjüngend bis nahe an die Pfeilspitze hinzieht. Dort scheint
sie dann nach der Seite hin zu verschwinden. Dies gibt nach meinen
Beobachtungen den einzigen Anhaltspunkt zur Annahme, dass es
sich um ein Hohlgebilde handle. Ich überzeugte mich aber durch
Bruchstücke [1] des Pfeiles von dem Irrtum dieser Ansicht und es
lässt sich auch noch ein zweites Moment namhaft machen, was die
hohle Natur des Pfeiles verneint. Das ist nämlich die seitenständige,
schlitzartige Ausmündung der Spermarinne direkt unterhalb der Penisspitze. Diese beweist, dass der Ausfluss des Spermas hier und nicht
im Stilett stattfindet. Was hätte dann eine Durchhöhlung des Pfeiles
für einen Zweck?

Man darf indessen wohl mit Recht vermuten, dass der Pfeil
als hohles Gebilde angelegt wird, was auch schon daraus hervorgeht, dass die trichterförmige Krone sich nur bei erwachsenen Tieren
findet. Nach mehreren Versuchen ist es mir gelungen, bei noch
sehr jungen *Planorbis rotundatus* Moq.-Tand. und *cortex* L. den Penis
herauszupräparieren, durch Nelkenöl und Glycerin aufzuhellen und
unter dem Mikroskope zu untersuchen. Die Untersuchung ergab,
dass der wulstige Rand der Stilettkrone noch nicht vorhanden war.
Es lässt sich hieraus offenbar der Schluss ziehen, dass es die keulenförmige Anschwellung der Penisspitze ist, welche den Pfeil erzeugt.
Wir finden nebenbei auch in dieser Penisspitze jene grossen, runden
Zellen mit ansehnlichen Kernen, welche wir bei den stilettlosen Arten
als Schleim absondernde Zellen in Anspruch genommen hatten und
von welchen vielleicht die an der Peripherie liegenden die Rolle
eines Konchiolinsubstanz absondernden Epithels spielen. Das Stilett
wächst also durch Apposition neuer Skeletteile an seiner Basis, bis
schliesslich die trichterförmige Krone, welche sich über die Penisspitze legt, das Wachstum beendet. Man sieht am Stilett ausserdem
deutliche Längsstreifen, welche auf Bruchstücken als kleine unregel-
mässige Kannellierungen zu erkennen sind.

---

[1] Ich will erwähnen, dass es mir erst nach zahllosen Versuchen gelang,
auf einem Längsschnitt den Pfeil fast unverletzt in seiner Form selbst zu durch-
schneiden. In der Regel wird der Pfeil von dem Messer des Mikrotomes zer-
trümmert, wobei seine Trümmer die umliegenden Gewebe beschädigen.

Von der Anwesenheit des Stiletts habe ich mich bei den Species *Planorbis vortex* L., *rotundatus* Moq.-Tand., *contortus* L. und *albus* Drp. überzeugt. *Planorbis cristatus* Drp. konnte ich leider nicht erhalten und da auch Lehmann den Pfeil bei dieser Art nicht fand, sondern nur vermutet, so muss ich mir vorläufig genügen lassen, mich dieser Vermutung anzuschliessen.

Was das keulenförmige Penisende betrifft, so wäre noch folgendes zu sagen: In der Muskelwand des langen Penis hat sich gegen die Spitze hin die ohnehin schon geringe Ringmuskelschicht immer mehr reduziert, bis sie kurz vor der schlitzförmigen Ausmündung des Spermakanales fast ganz verschwindet. Das keulenkopfförmige Ende des Penis, welches die Mündung der Samenrinne gleichsam überdeckt, besteht demnach, wie bei Typus I und II — bei Typus III mündet, wie wir sahen, die schlitzförmige Spermarinne an der Spitze des Penis — nur noch aus Längsmuskulatur und kann sich also ebenfalls bis zu einem gewissen Grade, wie das ganze Begattungsglied, dehnen und zusammenziehen. Jedenfalls dehnt es sich zur Verminderung seines Durchmessers beim Durchgleiten durch den Stilettscheidenkanal.

Bei einem ausgewachsenen *Planorbis vortex* L., dessen Gesamtlänge ungefähr 20 mm beträgt, misst das Kopulationsorgan annähernd 2 mm, davon kommt auf den Schwellkörper und den Penis 1,2 bis 1,3 mm (inklusive natürlich der knopfartigen Erweiterung) und der übrige Teil auf das Präputium. Die relativ gleichen Masse gelten auch für die den Typus II repräsentierenden *Planorbis*-Arten, nur dass hier durch die blindsackartigen Anhänge der Schwellkörper um ein Beträchtliches länger erscheint als der Penis. Vergleichen wir nun hiermit die Masse, welche wir bei dem Typus I des Kopulationsapparates und dem sich relativ in gleicher Weise verhaltenden Typus III konstatieren konnten, so wird uns der Unterschied zwischen den Typen I und III einerseits und den Typen II und IV anderseits deutlich in die Augen springen.

Zum Schlusse möchte ich noch eine übersichtliche Zusammenstellung der morphologischen, anatomischen und histologischen Befunde hinsichtlich der 4 Typen des Kopulationsapparates anreihen.

1. Gemeinsame Merkmale der 4 Typen.

a) Reduktion der gewaltigen Ringmuskelwand des cylindrischen Teiles des Vas deferens zu gunsten der Längsmuskelschicht vor der Spaltungsstelle zur Bildung des Schwellkörpers und des Penis.

Hierbei folgende Unterschiede unter den einzelnen Typen:

Bei Typus I und III allmähliche Reduktion der Ringmuskelschicht und sehr flacher Spaltungswinkel, dabei Einlagerung von Schleimzellen in die Längsmuskelschicht des Schwellkörpers, bei Typus I speciell schon im distalen Endstück des cylindrischen Teiles des Vas deferens. Bei Typus II und IV dagegen plötzliche Reduktion der Ringmuskelschicht und sehr steiler Spaltungswinkel, dabei keine Einlagerung von Schleimzellen in die Längsmuskelschicht des Schwellkörpers. Bei Typus I und III Schwellkörper kurz und konisch, bei Typus II und IV lang und keulenförmig. Mündungsstelle des Spermakanals bei Typus I, II und IV seitlich unterhalb der Penisspitze, bei Typus II speciell weit zurückgerückt, bei Typus III dagegen central. Bei Typus III und IV Bildung eines papillenartigen Vorsprunges im Inneren des Schwellkörpers (Stilettscheide), bei Typus I und II nicht. Typus IV trägt als besonderes Merkmal einen stilettartigen Pfeil an der Penisspitze.

b) Einlagerung einer neuen, spärlichen Längsmuskelschicht in den Schwellköiper. Hierbei folgende Unterschiede: Bei Typus I und II kontinuierlicher Verlauf derselben bis zum Ende des Präputiums, bei Typus III und IV bis zum Ende des papillenartigen Vorsprunges (Stilettscheide) und neue Einlagerung derselben in die Wand des Präputiums.

c) Einlagerung von Epithelzellen zur Auskleidung des Spaltraumes zwischen Schwellkörper und Penis. Bei Typus III und IV die gleiche Einlagerung zur Auskleidung des Spaltraumes zwischen Schwellkörper und innerem papillenartigem Vorsprung desselben.

d) Bedeutende Reduktion der muskulösen Beschaffenheit der Wand des Präputiums durch Bindegewebs- und Schleimzellen.

e) Mehrere Lagen runder, grosskerniger Zellen, wahrscheinlich ebenfalls Schleimzellen, bei Typus IV vermutlich auch zur Pfeilbildung dienend, im äussersten Endstück des Penis.

2. Übergangsmerkmale für die 4 Typen.

a) Bei Typus IV ansehnlicher papillenartiger Vorsprung (Stilettscheide) im Inneren des Schwellkörpers, bei Typus III von bedeutend geringerer Entwickelung. Bei Typus II ist derselbe durch einen Wulst an der Innenfläche des Schwellkörpers angedeutet, bei Typus I verschwunden.

b) Bei Typus I Einlagerung von Schleimzellen in die Längsmuskelschicht des cylindrischen Teiles des Vas deferens, bei Typus III

erst im Schwellkörper selbst, bei Typus II und IV erst beim Übergang des Schwellkörpers in das Präputium.

c) Bei Typus II und IV knopfartige Erweiterung des Schwellkörpers vor dem Übergang in das Präputium, bei Typus I kaum
merkliche Andeutung, bei Typus III aber keine Spur mehr davon.

Die merkwürdigen Verhältnisse in der Morphologie des Kopulationsorganes bei dem Typus IV dürften vielleicht zu einer darauf
sich beziehenden vergleichsweisen Heranziehung anderer Tierformen
berechtigen. Das sind die Turbellarien. Ich habe dabei hauptsächlich die von Ludwig v. Graff[1] behandelten Rhabdocoeliden
im Auge und unter diesen besonders den von unserem Autor sehr
ausführlich beschriebenen *Prorynchus stagnalis* Schultze. Dieser
rhabdocoele Strudelwurm zeichnet sich durch ein hervorstreckbares,
mit einem stilettartigen Pfeil bewaffnetes, rüsselartiges Gebilde aus,
ein Organ, das durch seinen Bau auf den ersten Blick einem Ne-
mertinenrüssel so ähnlich ist, dass man unseren Wurm anfangs
auch ohne Bedenken als eine Süsswassernemertine in Anspruch nahm[2].
Erst später gewann man die Überzeugung, dass die Ähnlichkeit eine
bloss äusserliche sei. Das betreffende Gebilde ist kein Fang- und
Giftorgan, wie bei den Nemertinen, sondern ein Begattungswerkzeug,
wie es in ähnlicher Bildung auch anderen Rhabdocoelen zukommt.
Ludwig v. Graff beschreibt dasselbe in folgender Weise:

„In der Höhe des Darmumfanges liegt nun das Hinterende des
von Schultze als Rüssel beschriebenen, von Lieberkühn jedoch als
Penis erkannten Organes. Lieberkühn's Deutung wurde von Barrois,
besonders aber durch die detaillierte Schilderung von Hallez bestä-
tigt, der den ganzen Apparat hier im wesentlichen genau so gebaut
fand, wie den Stachelapparat von *Gyrator hermaphroditicus*. Wie
bei dieser Form, so ist auch hier eine Trennung der samenleitenden
und der das accessorische Sekret (Gift nach Hallez) leitenden Wege
vorhanden.

Das Kopulationsorgan besteht aus dem centralen Stilett und der
Stilettscheide. So wie das Stilett von der Spitze nach hinten jederseits
dünne Verstärkungsleisten entsendet, so ist auch die Seite der Stilettscheide von zwei Chitinlamellen begrenzt, welche die Muscularis derselben immer und aussen begrenzen und an der Mündung, wo sie

---

[1] Ludwig v. Graff, Monographie der Turbellarien. 1. Rhabdocoelida.
Mit 12 Holzschnitten u. Atlas. Aschaffenburg 1881.

[2] Max Siegm. Schultze, Beiträge zur Naturgeschichte der Turbellarien.
Greifswald 1851.

zusammenstossen, zu einem dickeren Ringe sich verstärken. Das in seiner Scheide bewegliche und durch deren Öffnung vorstossbare Stilett setzt sich nach hinten in den centralen Giftkanal fort, welcher von einem zweiten, weiteren Kanale, der Fortsetzung der Stilettscheide, umschlossen ist. Der Centralkanal schwillt nun nach HALLEZ ganz allein hinten zur dickwandigen, muskulösen, innen von Drüsenepithel ausgekleideten Giftblase an und empfängt vor deren Übergang in dieselbe die zahlreichen, langgestielten, von LIEBERKÜHN entdeckten Drüsen, welche nach HALLEZ ein flüssiges Giftsekret liefern. Der Scheidenkanal dagegen trennt sich noch vor der Einmündung der Drüsen in den Centralkanal von diesem und setzt sich unterhalb der Giftblase fort zu der weiter hinter dieser liegenden Samenblase. Es sind demnach hier ebenso, wie bei gewissen Probosciden, Samenblase und Reservoir des accessorischen Sekrets völlig von einander getrennt und nur die Ausführungswege beider durch Incinanderschachtelung verbunden. Alle Autoren sind darüber einig, dass das Stilett zu der am vorderen Körperende befindlichen Falte vorgestossen werden kann (wobei sich nach FEDTSCHENKO der Spaltrand papillenartig erhebt), so dass man demnach diese Öffnung als männliche Geschlechtsöffnung in Anspruch nehmen müsste. Nun glaube ich aber an dem einen von mir untersuchten Exemplare gesehen zu haben, dass diese Öffnung zugleich als Geschlechtsöffnung und als Mund funktioniert."

Vergleichen wir die in diesen wenigen Sätzen niedergeschriebenen Verhältnisse mit denjenigen des Kopulationsapparates bei unseren stilettführenden Planorbiden, so werden wir, abgesehen von den funktionellen Erscheinungen, eine gewisse Ähnlichkeit auch in morphologischer Hinsicht nicht ableugnen können. Ich möchte jedoch durch diesen Vergleich keineswegs der Annahme Raum geben, als wolle ich in den Planorbiden Molluskenformen erblicken, welche in einer direkten Beziehung zu den Turbellarien stehen und gleichsam eine Brücke zwischen diesen und den übrigen Mollusken bilden.

Wir wissen längst, dass nicht bloss unter Tieren eines und desselben Typus, sondern auch unter solchen, welche weit von einander entfernten Typen angehören, morphologisch übereinstimmende Organe ausgebildet sein können, wodurch es uns leicht begreiflich wird, dass solche Tiere in früheren Zeiten im System oft unmittelbar nebeneinander gestellt wurden.

Selbst dann, wenn man der Ansicht ist, dass die Mollusken und Turbellarien in einem phylogenetischen Zusammenhange stehen, wird man diese Beziehungen schon deshalb unmöglich an die Planorbiden anknüpfen können, weil diese als Süsswasserbewohner eine verhältnismässig junge Tierform vertreten.

Die oben hervorgehobene Analogie ergibt sich unter solchen Umständen als eine einfache, wenn auch immerhin recht interessante Konvergenzerscheinung, als ein neuer schlagender Beweis für die so vielfach nachgewiesene Thatsache, dass Tiere verschiedener Typen unter gewissen Umständen für gleiche Funktionen auch morphologisch gleiche Organe entwickeln.

Bei einer früheren Gelegenheit hatte ich angedeutet, dass man von einem anderen Gesichtspunkt aus den Typus IV des Kopulationsapparates unserer Planorben als den ersten Typus aufstellen kann. Dieser Gesichtspunkt ist eben der, dass man den Bau des Prorynchuspenis zu Grunde legt und annimmt, es sei der Kopulationsapparat unserer Tiere aus zwei ineinander geschachtelten Kanälen gebildet, von denen aber der eine, in unserem Falle der äussere, rudimentär geworden und mit dem inneren in Verbindung getreten sei.

Ich will jedoch dabei ausdrücklich betonen, dass diese Annahme rein hypothetischer Natur ist und der Wirklichkeit wohl schwerlich entsprechen dürfte.

Bleiben wir aber für diesen Moment dabei, so dürfen wir zugleich behaupten, dass wir im Typus IV des Planorbenpenis Verhältnisse vor Augen haben, welche die unserer Annahme am meisten entsprechende Ausbildung zeigen. Da haben wir den grössten Schwellkörper, d. h. von unserem jetzigen Gesichtspunkt aus den noch am wenigsten rudimentären äusseren Kanal. Wir finden ferner die am vollkommensten ausgebildete Stilettscheide, wir sehen weiter das Begattungsglied mit einem Stilett bewaffnet.

Den nächstniedrigen Grad der Entwickelung der angenommenen Verhältnisse würde sodann der Typus II repräsentieren. Dort finden wir noch immer einen in dimensionaler Beziehung gut ausgebildeten Schwellkörper und dementsprechend ein langes Begattungsglied. Aber es fehlt schon das Stilett und damit korrespondierend ist die Stilettscheide rudimentär geworden.

Eine weiter rückgebildete Stufe hätten wir dann in Typus III zu erblicken. Hier haben wir schon eine bedeutende Reduktion in den dimensionalen Verhältnissen des Schwellkörpers vor uns. Der von uns angenommene äussere Kanal ist somit zu einem schon ganz rudimentären Gebilde geworden. Das einzige, was uns noch an die ursprünglichen Verhältnisse erinnern könnte, ist die bei diesem Typus noch immer deutlich genug ausgebildete Stilettscheide, wiewohl dieselbe ihre Bedeutung als solche, also ihre Funktion, vollständig verloren hat, denn auch bei diesem Typus ist keine Spur von einem stilettartigen Pfeil mehr vorhanden. Merkwürdig ist diese Erscheinung aber deshalb, weil bei dem von unserem jetzigen Gesichtspunkt aus viel vollkommener ausgebildeten Typus II die Stilettscheide weit mehr rudimentär geworden ist.

Die in jeder Beziehung am meisten reduzierten Verhältnisse würde uns jedoch schliesslich der Typus I vor Augen führen. Ich darf ja nur auf das geringe Längenmass des Schwellkörpers und auf das vollkommene Fehlen einer Stilettscheide hinweisen.

Im Laufe meiner Ausführungen habe ich in Erwähnung gebracht, dass der stilettartige Pfeil unserer Planorbiden mit dem sogenannten Liebespfeil der Landpulmonaten, den wir vorzugsweise bei den Heliciden kennen, nichts zu schaffen habe. Dies leuchtet sofort ein, wenn wir die Morphologie, die Funktion und die Lage des den Pfeil enthaltenden Pfeilsackes an dem Geschlechtsapparat der Landpulmonaten ins Auge fassen. Wir haben da ein ganz selbständiges Gebilde vor uns in Form einer sackartigen Ausstülpung der Vagina mit starken Muskelwänden und einem sehr engen Lumen, dessen inneres Cylinderepithel den Liebespfeil als Cuticularabsonderung produziert und im Querschnitt selbst die Gestalt des Pfeilquerschnittes zeigt. Der Liebespfeil selbst ist weiss, kalkig, spitz und hart, zeigt einen konzentrisch geschichteten Bau und wird vor oder bei der Begattung ausgeworfen. Ganz anders bei unseren Planorben. Da sitzt der Pfeil fest auf dem keulenkopfförmig über der seitlichen Ausmündungsstelle des Spermakanals sich erweiternden Endstück des Vas deferens mit einer konkaven, wulstartig berandeten Fläche, der Stilettkrone, auf und ist als Produkt dieses Endstückes selbst aufzufassen. Er wird auch nicht, wie der Liebespfeil der Heliceen, ausgeworfen. Ich habe durchaus niemals ein Exemplar ohne Stilett getroffen, auch niemals eines, bei welchem das Stilett an einer anderen Stelle, als an der Spitze des Penis, zu finden gewesen wäre. Was freilich die Funktion anbelangt, so unterliegt es keinem Zweifel, dass sie die gleiche ist, wie die des Liebespfeils unserer Heliciden. Das Stilett dient eben als Reizorgan bei der Begattung und wird bei sämtlichen stilettlosen Planorben funktionell wohl durch das zähe und muskulöse Penisendstück ersetzt.

Reizapparate von ähnlicher Bildung, namentlich in der Form

von stachelartigen Cuticularabsonderungen finden wir bei einer nicht geringen Anzahl anderer Landpulmonaten. Es haben uns z. B. Simroth [1] und Wiegmann [2] auf den merkwürdigen sogenannten Liebespfeil der Vitrinen aufmerksam gemacht, der eine hakenförmig gebogene feste, durchbohrte Spitze darstellt, welche dem frei in die Vagina hervorragenden Vorderende des von einer scheidenartigen Hülle umgebenen, blindsackartigen Schlauches aufsitzt. Die Substanz, aus welcher das Hartgebilde besteht, ist von Wiegmann als ein dem Chitin oder Konchiolin nahestehendes, verhorntes Gewebe bezeichnet. Hier haben wir also einen durchbohrten Pfeil und diese Durchbohrung beweist deutlich, dass derselbe bei der Copula die Übertragung eines Drüsensekretes vermittelt. Wir haben also auch hier wieder Verhältnisse zu verzeichnen, welche lebhaft an diejenigen des *Prorynchus stagnalis* erinnern und zwar speciell hinsichtlich der Funktion. Jedenfalls ist die Analogie noch grösser als bei den stilettführenden Planorbiden, denn dort bei unseren Vitrinen haben wir es in dem pfeilartigen Hartgebilde nicht mit einem Reizorgan — die Form des Hartgebildes widerlegt deutlich diese Annahme, wie Wiegmann ausdrücklich betont — sondern mit einem Organ zu thun, welches ein accessorisches Sekret leitet, hier allerdings lediglich im Dienste sexueller Vorgänge.

Wir sehen aus der angeführten Schrift Wiegmann's weiter, dass das Drüsenorgan, mit welchem der gebogene und durchbohrte Pfeil in Verbindung steht, eine besondere Genitaldrüse ist, ähnlich wie sie Semper [3] bei den Zonitiden entdeckt und beschrieben hat und dass diese Genitaldrüse bei verschiedenen Heliciden in ganz mannigfaltiger Gestalt und an ganz verschiedenen Stellen des Genitaltraktus uns entgegentreten kann.

Wiegmann glaubt auch die doppelte Schleimdrüse der Heliceen mit der von ihm beschriebenen Genitaldrüse der Vitrinen vergleichen zu können. Endlich entnehmen wir noch den Untersuchungen unseres Autors, dass diese Genitaldrüse bei einer Anzahl von *Vitrina*-Arten vorhanden ist, bei anderen dagegen fehlt, so dass er die Vitrinenspecies in bezug auf diese Erscheinung tabellarisch zusammenstellen

[1] H. Simroth, Berichte der naturforschenden Gesellschaft zu Leipzig. Jahrg. 1885. S. 6.

[2] Jahrbücher der deutschen Malakozoologischen Gesellschaft, redigiert von Kobelt. 13. Jahrg. 1886. Heft 1. p. 74 ff.

[3] C. Semper: Reisen im Archipel der Phillipinen etc. II. Heft. 1873. Taf. III Fig. 1 b u. 2 c.

konnte. Betrachten wir schliesslich noch die Resultate der Untersuchungen Simroth's [1] über palaearktische Nacktschnecken, die ebenfalls beweisen, dass diese Tiere Drüsen und Reizkörper an den Geni-
talorganen teils besitzen, teils derselben entbehren. Wenn wir nun
trotzdem sehen, dass sowohl die von Simroth auf diese Verhältnisse
geprüfte Nacktschneckengattung *Agriolimax*, wie auch das von Wiegmann behandelte Helicidengenus *Vitrina* als systematische Einheit
betrachtet werden kann, so werden uns die Erscheinungen, welche
uns bei den Planorbiden entgegengetreten sind, keine dringende Veranlassung geben, die Gattung zu zerspalten. Ich bin fest überzeugt,
dass durch die Untersuchung der exotischen [2] Planorben auf diese
Verhältnisse sich noch manche Übergänge zwischen den von mir auf-
gestellten Typen herausfinden lassen würden.

Man kann schliesslich, wie ich schon früher erwähnte, mit
Lehmann die Gattung *Planorbis* in zwei Gruppen „Inermes" und
„Armati" spalten, soweit es unsere einheimischen Arten betrifft, ich
halte aber auf Grund meiner Untersuchungen auch dies für un-
nötig, da sich, wie wir gesehen haben, die 4 Typen der Bildung des
Kopulationsorganes vom vergleichend-anatomischen Standpunkt aus
in doppelter Weise ineinander überführen lassen.

Jedenfalls sind es aber höchst merkwürdige und interessante
Verhältnisse, die uns der Kopulationsapparat unserer Planorbiden
aufweist. Sie lassen uns von neuem erkennen, welch zahlreichen
Komplikationen das bei den Mollusken so ausserordentlich differenzierte Geschlechtssystem unterworfen ist. Vielleicht bieten sie uns
einen weiteren Stützpunkt für die Ansicht, dass die Mollusken sich
nicht durch Descendenz von einer gemeinschaftlichen Urart, sondern
polyphyletisch aus verschiedenen Ahnentypen durch Konvergenz ent-
wickelt haben.

---

[1] H. Simroth: Weitere Mitteilungen über palaearktische Nacktschnecken.
Jahrbüch. d. deutsch. Malakozool. Ges., red. v. Kobelt. 13. Jahrg. 1886. p. 16 ff.

[2] Es stand mir leider nur ein exotischer *Planorbis* zur Untersuchung zu
Gebot, welchen Herr Dr. Jordan aus Paraguay in Südamerika mitbrachte.
Leider waren die Exemplare für histologische Zwecke nicht brauchbar, da dieselben nicht genügend konserviert waren. Indessen konnte ich konstatieren, dass
die mir nicht genau bekannte Species den stilettlosen Planorben angehörte.

2. Abschnitt.

Das Exkretionsorgan.

Was mich im Verlaufe meiner Untersuchungen besonders dazu veranlasste, neben dem Kopulationsorgane unserer Tiere unter den übrigen Organen auch die Niere einer eingehenderen Untersuchung zu unterziehen, war, wie ich schon früher andeutete, die Absicht, die Kommunikation zwischen Niere und Pericardium auch für die Basommatophoren definitiv festzustellen, nachdem diese Thatsache hinsichtlich der Stylommatophoren von Nesslin (a. a. O. p. 9—15) durch die hierauf zielenden Untersuchungen an *Helix pomatia* L., desgleichen auch von Semper [1] bei *Helix* und *Vaginulus* festgestellt und von Sharp (a. a. O. p. 27) bei unseren beiden einheimischen *Ancylus*-Arten nachgewiesen worden war. Wenn die Landpulmonaten und, wie durch die Untersuchungen Haller's (cf. p. 65 Anm. 1) festgestellt ist, sogar viele Prosobranchier eine Kommunikation zwischen Niere und Pericardium besitzen, so war sie bei den den Opisthobranchiern, bei welch letzteren diese Kommunikation unter den Gastropoden am vollkommensten ausgebildet ist, noch näher stehenden basommatophoren Pulmonaten unbedingt als vorhanden anzunehmen. Die Resultate meiner Untersuchungen haben diese Annahme zur Thatsache gemacht. Aber auch schon die morphologischen Verhältnisse der Niere unserer Planorbiden sind gleich auf den ersten Blick auffallend, wie das auch in der schon oben angeführten, erst im verflossenen Jahre als Dissertation erschienenen Arbeit von Behme bereits hervorgehoben wird. Dieser Autor hat bereits darauf aufmerksam gemacht, dass die Planorbiden in bezug auf Form und Lagerung der Niere, sowie in der Einrichtung der Lungenhöhle von den übrigen Süsswasserpulmonaten erheblich abweichen. Er hat aber nur in aller Kürze diese Verhältnisse berührt; auf die Anatomie und Histologie des Organes ist er nicht genauer eingegangen. Es lag mir daher nahe, neben dem Hauptpunkt meiner Untersuchung, eben der Kommunikation zwischen Niere und Pericardium, auch jenen Verhältnissen meine Aufmerksamkeit zuzuwenden.

Dementsprechend will ich, wie ich das auch schon in der Einleitung zum ersten Abschnitt gethan habe, in aller Kürze einige historische Notizen einflechten.

[1] C. Semper, Arbeiten aus dem zoologisch-zootomischen Institut in Würzburg. III. Bd. S 485 Anm. 1.

Obwohl schon von Swammerdam als Absonderungsorgan mit mineralischem Sekret erkannt, ist die Niere von Cuvier doch wieder als schleimabsonderndes Organ in Anspruch genommen worden. Swammerdam nannte sie „Kalksack", ein Name, welcher erst von Wilbrand (1809) und Wohnlich (1813) (a. a. O. p. 22) mit der bis auf die heutige Zeit gebräuchlichen Bezeichnung vertauscht ist. 1820 wurde die Drüse von Jacobson[1] auf ihre chemischen Eigenschaften geprüft und das Vorhandensein von Harnsäure festgestellt. Trotzdem wurde dieselbe von Moquin-Tandon später noch als schalenbildendes Organ beschrieben. Die morphologischen und anatomischen Verhältnisse der Niere der Pulmonaten haben zuerst v. Siebold[2] und Paasch (a. a. O. p. 71—104) klargelegt. Letzterer hat dabei auf die Unterschiede des Harnapparates von Land- und Süsswasserpulmonaten hingewiesen, während ersterer die Verschiedenheit des Organs bei beschalten und unbeschalten Lungenschnecken hervorhob. Ausgezeichnete histologische Untersuchungen verdanken wir Meckel (a. a. O. p. 15). Dieselben haben uns zuerst über die feinere Nierenstruktur Aufschluss gegeben, ebenso über die Bildung der Konkremente definitiv unterrichtet. Eine weitere, auf die anatomischen Verhältnisse der Niere bei *Helix pomatia* L. eingehende Arbeit ist die schon oft erwähnte Schrift Nesslin's. In neuester Zeit hat v. Ihering[3] sich ganz besonders dem Studium des Harnapparates der Pulmonaten gewidmet und auf Grund seiner Beobachtungen die Ordnung der Pulmonaten in zwei Gruppen auflösen wollen, die er als „Nephropneusten" (Heliceen) und „Branchiopneusten" (Lymnaeaceen und Auriculaceen) einander gegenüberstellt. Bei den Nephropneusten soll die Lungenhöhle einen Abschnitt der Niere, bei den Branchiopneusten eine modifizierte Kiemenhöhle darstellen, wie das wohl zuerst von Leuckart[4], von diesem aber für alle Pulmonaten behauptet wurde. Dieser Zweiteilung ist dann wieder Semper[5] entgegengetreten.

Wenden wir uns im folgenden zu unserem Gegenstand, der Niere der Planorbiden.

[1] Jacobson, Sur l'existence des reins dans les animaux Mollusques. Journal de Physique. T. 91. 1820. 4. p. 318—320.

[2] C. Th. v. Siebold, Vergl. Anatomie der Wirbellosen.

[3] H. v. Ihering, Über den uropneustischen Apparat der Heliceen. Ztschr. f. wiss. Zool. Bd. XLI. p. 260.

[4] R. Leuckart, Morphologie der Wirbellosen. 1848.

[5] C. Semper, Einige Bemerkungen über die Nephropneusten v. Ihering's. Arbeiten aus dem zool.-anat. Inst. Würzburg. Bd. III. p. 480—488.

Wie schon mehrfach erwähnt, hat Behme darauf hingewiesen, dass die Niere der Planorbiden eine durch die Körperform bedingte auffallende Längenausdehnung besitzt. Er hat vorzugsweise die grösste Art, *Planorbis corneus* L., darauf untersucht und bei ausgewachsenen Individuen eine Niere von 2 cm Länge gefunden [1].

Ich habe in der Einleitung zum ersten Teil meiner Arbeit betont, dass die kleinen Arten bezüglich ihrer äusseren Gestalt noch viel mehr in die Länge gezogen sind, als die grossen und habe im ersten Teil auch namentlich auf die gewaltige Ausdehnung der Atemhöhle dieser Tiere hingewiesen.

Mit dieser geht nun die Länge der Niere Hand in Hand, da ja dieselbe der ganzen Länge nach an der Decke der Lungenhöhle hinzieht.

Legt man einen *Planorbis*, welchem man das Gehäuse weggenommen hat, ausgestreckt so hin, dass die Fussfläche nach unten sieht, der Kopf dem Beschauer zugekehrt, Leber und Zwitterdrüse dagegen abgekehrt sind, so bemerkt man von der rechten Seite des Tieres, gleich an der Decke der Mantelhöhle beginnend, ein grünlich-braunes Band allmählich auf die Höhe des Mantelrückens heraufsteigen, sich nach der linken Seite, wieder hinabsteigend, eine kurze Strecke hinwenden, sodann wieder nach rechts laufend eine tiefe Knickung machen und endlich mit einer blasigen Anschwellung an die Eiweissdrüse anstossen. Dieses Gebilde ist bei unseren Planorbiden das Exkretionsorgan, die Niere.

Die eben erwähnte, blasige Anschwellung derselben ist das hintere Endstück oder, nach dem Verlauf des Organes in funktioneller Beziehung betrachtet, der Anfang der Niere (Taf. 11 Fig. 2, *Nk*). Ich möchte für dieses Stück die Bezeichnung „Nierenkopf" in Vorschlag bringen. In ihm liegt vollkommen eingelagert das ganze Pericardium mit dem Herzen oder mit anderen Worten: Dieser Nierenkopf schiebt sich, das Pericardium zu nahezu zwei Dritteilen bedeckend, über dasselbe hin und stösst unmittelbar an die Eiweissdrüse an; man sieht in ihm auch stets das bei den grossen Arten mit rotem Blut gefüllte, bei den kleinen Arten meist sehr stark pigmentierte Herz. Die Seitenflächen der Niere verschmälern sich, wie Behme (a. a. O. p. 16) ganz richtig beschreibt, nach dem Grunde der Atemhöhle zu sehr schnell, besonders bei den grossen Arten, weniger bei den kleinen, und vereinigen sich unter spitzem Winkel,

---

[1] Behme, a. a. O. p. 16.

infolgedessen der Nierenquerschnitt Keilform annimmt; die Drüsen-
substanz wölbt sich in Querfalten in das Lumen vor im Interesse
der Oberflächenvermehrung. Auf dem Querschnitt erscheint auf
diese Weise das Lumen der Urinkammer sehr eng, oft ganz verschwunden. Das Nierensekret wird vermittelst einer mit kräftigen
Wandungen ausgestatteten Papille nach aussen befördert, worauf
schon PAASCH (a. a. O. p. 71—104) hingewiesen hat als auf ein
unterscheidendes Merkmal zwischen dem Exkretionsorgan der Süss-
wasser- und Landpulmonaten, welch letztere einen von der Niere
abgehenden besonderen Ureter besitzen, der zusammen mit dem Enddarm zum Atemloch hinläuft. Bei *Planorbis corneus* L. sieht man
die erwähnte Nierenpapille deutlich hinter dem Mantelwulst dicht
unter der Lungendecke über die linke Nierenfläche hervorragen.

Bei der Betrachtung der anatomischen und histologischen Verhältnisse des Exkretionsorganes will ich an der vorn in der Mantelhöhle gelegenen äusseren Mündung beginnen und dann den ganzen
Verlauf bis zum Pericardium resp. bis zum Ende des Nierenkopfes
verfolgen. Dabei sind leicht drei Abteilungen hinsichtlich des Baues
der Niere zu unterscheiden. Einmal ein vorderer Abschnitt mit
einem grosszelligen Wimperepithel, welches in queren Falten in das
Lumen des Organes hineinragt und direkt in das der Nierenpapille
übergeht, wie diese denn überhaupt nur als das Endstück dieses
vorderen Abschnittes anzusehen ist. Letzterer vertritt die Stelle des
bei den Landpulmonaten und vielen Prosobranchiern beobachteten,
besonders entwickelten Ureters (Taf. II Fig. 2 *Ur*). Auf diesen folgt
dann als zweiter Abschnitt ein durch die Masse seiner Harnkonkremente leicht erkennbarer Organteil, welchen ich, entsprechend der
Bezeichnung der einzelnen Teile der Ichnopodenniere, welche v. IHE-
RING [1] gab, „Urinkammer" nennen will (Taf. II Fig. 2 *Uk*). An diesen schliesst sich endlich der schon äusserlich leicht erkennbare,
blasig aufgetriebene, durch eine Knickung vom zweiten Teile ab-
gesetzte, von mir als „Nierenkopf" bezeichnete letzte Abschnitt an.
In diesem letzten Abschnitt befindet sich die Kommunikation der
Niere mit dem Pericardialsack, der sogenannte Wimpertrichter.

Im ganzen Verlaufe des ersten und zweiten Abschnittes sehen
wir zwischen dem Nierenepithel und der äusseren Haut sowohl als
auch zwischen dem Nierenepithel und dem die Niere von der Lungen-

---

[1] H. v. Ihering, Zur Morphologie der Niere der sog. „Mollusken".
Zeitschr. f. wiss. Zool. Bd. XXIX. p. 593.

höhle trennenden Epithel eine Bindegewebsschicht mit zahlreichen
Kalkkonkretionen und nicht unbeträchtlichen Mengen von Pigment
als Träger des Drüsenepithels der Niere liegen, durch welches auch
die Nierenvenen hinziehen. Dieses kalkhaltige Bindegewebe ist es
offenbar, was MOQUIN-TANDON zu der Ansicht brachte, die Niere sei
eine zur Schalenbildung des Tieres dienende Drüse. Es setzt sich
mit dem Pigment meist weit in die Lamellen des Drüsenepithels
der Niere fort. Man sieht in ihm, wie auch NÜSSLIN (a. a. O. p. 9)
hinsichtlich der Helixniere erwähnt, spärliche Anhäufungen von
Plasma mit Bindegewebskernen und an verschiedenen Stellen Bluträume. NÜSSLIN lässt die Bedeutung dieser Bluträume zweifelhaft.
vermutet aber in ihnen die Lumina der Nierenvenen. Dieselben
dürften auch wohl nichts anderes sein.

In den dritten Abschnitt, den Nierenkopf, setzt sich dieses areoläre, Kalkkonkremente und Pigment enthaltende Bindegewebe nur
so weit fort, als das Harnkonkremente führende Drüsenepithel in ihn
hineinreicht. Stellenweise, zeigen sich davon allerdings auch noch
zwischen dem flachen, inneren Epithel und der Wand des Nierenkopfes einzelne Spuren, welche durch das eingelagerte Pigment kennt-
lich sind. Die Wand des Nierenkopfes geht unmittelbar in die des
Pericardiums über.

Das Endstück des Ureters, also die Papille, durch welche die
Entleerung des Harns in die Atemhöhle erfolgt, zeigt vollständig den
Bau des vordersten Nierenabschnitts, des Ureters selbst, nur dass
das Epithel noch etwas tiefere Falten bildet (Taf. II Fig. 3). Das
Epithel selbst setzt sich scharf gegen jenes der äusseren Haut ab,
obwohl es unmittelbar in dasselbe übergeht.

Was nun das wimpernde Epithel des vordersten Nierenabschnittes selbst anbelangt, so tritt dasselbe uns in Form von sehr hohen,
meist schmalen und schlanken Zellen entgegen, deren Kerne an dem
dem Lumen des Ureters (wie ich diesen vordersten Abschnitt der
Niere jetzt stets nennen will) zugekehrten, abgerundeten Rande liegen [1].

Der Zellinhalt erscheint dem seitlichen Rande der Zellen parallel gestrichelt, besteht demnach offenbar aus äusserst feinen und
zarten Protoplasmafäden (Taf. II Fig. 4). Der Zellkern ist von ganz
unregelmässiger Gestalt, meist langgestreckt. Ich glaube diese Erscheinung als Folge einer Schrumpfung auffassen zu müssen, welche

---

[1] B. Haller, Beiträge zur Kenntnis der Niere der Prosobranchier. Mor-
pholog. Jahrb. Bd. XI. p. 8.

diese äusserst zarten Zellen auch bei sorgfältiger Konservierung er-
leiden und bin zu dieser Annahme auch durch die Angaben HALLER's
(a. a. O. p. 15) gekommen, welcher bei der Untersuchung der be-
züglichen Verhältnisse an der Niere von *Fissurella* bei gehärteten
Präparaten Kerne von ovaler bis langgestreckter Gestalt, auf Iso-
lationspräparaten dagegen (Glycerin, Essigsäure, dest. Wasser) solche
von Kugelform erkannte. Die Falten, welche diese Wimperepithel-
zellen in das Lumen des Ureters hinein bilden, zeigen sich auf dem
Flächenschnitt von wechselnder Höhe (Taf. II Fig. 4). Von aussen
her zieht sich, wie schon erwähnt, areoläres, Kalkkonkretionen und
Pigment führendes Bindegewebe oft weit in ihre Vertiefungen hinein.
Gegen dieses Bindegewebe hin sind die Epithelzellen der Niere mit
einer feinen, strukturlosen Membrana propria abgegrenzt.

Der mittlere Abschnitt der Niere zeichnet sich, wie ich das
auch schon in der übersichtlichen Darstellung angedeutet hatte, dadurch aus, dass die Epithelzellen eine weit beträchtlichere Grösse
erreichen und Harnkonkremente führen. In der Regel enthält jede
Zelle nur ein einziges Konkrement, ich habe jedoch öfters auch zwei
und drei derselben in einer Zelle liegen sehen. Die histologische
Beschaffenheit dieses konkrementführenden Drüsenepithels und die
Bildung der Konkremente in den Vakuolen des Zellinhalts ist schon
längst so ausführlich von MECKEL (a. a. O. p. 15) beschrieben worden, dass sich etwas Neues kaum hinzufügen lässt (Taf. II Fig. 4 D^1).
Ich will nur erwähnen, dass die feine Strichelung des Inhalts, welche
wir in den Epithelzellen des vordersten Nierenabschnittes antrafen,
in diesen weit grösseren Zellen nicht mehr deutlich, vielfach gar
nicht mehr wahrzunehmen ist. Der Zellkern hat ferner seinen früheren, dem Lumen der Urinkammer zunächstliegenden Platz verlassen
und ist in der Regel basalwärts vorgerückt (Taf. II Fig. 4 D^1). Vielfach ist die obere Zellwand gesprungen und dann sieht man häufig
im Lumen der Urinkammer freie Konkremente und Zellendetritus
liegen, aber in sehr verschiedener Menge. Unter den von mir auf
diese Verhältnisse geprüften Exemplaren fand ich bei einzelnen (es
waren dies namentlich *Planorbis rotundatus* MOQ.-TAND. und *vortex* L.)
massenhaft freie Nierenkonkremente in der Urinkammer; andere hingegen (besonders jüngere *Planorbis carinatus* DRP. und *marginatus*
MÜLL.) zeigten wiederum fast gar keine freien Konkremente. Im vorderen Abschnitt der Niere, im Ureter, fand ich nur bei zwei Exemplaren von *Planorbis rotundatus* MOQ.-TAND. freie Harnkonkremente
und zelligen Detritus. Darauf hin darf ich wohl annehmen, dass die

Entleerung der Konkremente eine bei den verschiedenen Arten wahrscheinlich ungleich periodische ist. Was die Konkremente selbst betrifft, so sind dieselben bei den meisten Arten von kugelförmiger Gestalt, bei den kleinen auch relativ grösser als bei den grossen. BEHME (a. a. O. p. 17), der hierüber Messungen angestellt hat, fand bei *Planorbis rotundatus* MOQ.-TAND. fast ebenso grosse Harnkonkremente, wie bei *Planorbis corneus* L., während doch die Grössendifferenz dieser beiden Species eine enorme ist. *Pl. marginatus* MÜLL.. welcher immer noch viel kleiner ist als *Planorbis corneus* L., besitzt nach den Untersuchungen unseres Autors sogar noch grössere Konkremente als der letztere.

Nach der Angabe JACONSON's (a. a. O. S. 318—320) reagieren die Konkremente auf Harnsäure, wenn man die getrocknete Niere in verdünnter Ätzkalilauge auflöst und mit Salzsäure, Salpetersäure und Ammoniak behandelt, wobei eine Menge Murexid entsteht.

Der dritte Abschnitt des Exkretionsorganes ist der schon äusserlich durch seine beutelförmige oder blasige Gestalt auffallende, merkwürdige Nierenkopf, welcher, wie ich schon früher beschrieb, unter dem Pericardium sich hinschiebt, dasselbe mindestens zu zwei Dritteilen einfassend. In ihm findet sich, wie bemerkt, die Kommunikation zwischen Niere und Herzbeutel, der Wimpertrichter oder Ductus renopericardialis. Das Pericardium und mit ihm das Herz, ist demnach gleichsam in diesen Abschnitt der Niere eingeschaltet. Histologisch weicht dieser Abschnitt, wenigstens in seinem grösseren Teile, nicht unwesentlich von dem zweiten Abschnitt, der Urinkammer, ab.

Schon die Knickung, welche das Exkretionsorgan beim Übergange von der Urinkammer zum Nierenkopfe erleidet, macht sich histologisch bemerkbar. Indem nämlich das im Querschnitt keilförmige Lumen der Niere an dieser Stelle plötzlich die Form eines engen Schlitzes erhält, bildet sich eine schiefe Querwand, an welcher das konkrementführende Nierenepithel scharf anstösst. Nur ein geringerer Teil dieses konkrementführenden Epithels setzt sich in den Nierenkopf fort, während gleichzeitig sowohl die Epithelzellen selbst, als auch die in denselben liegenden Harnkonkremente an Grösse bedeutend abnehmen und dann unmittelbar in das flache Epithel des Nierenkopfes übergehen. Das areoläre Bindegewebe, welches den Ureter und die Urinkammer umlagert, verschwindet ebenfalls nach und nach im Nierenkopf. Die Zellen des flachen Epithels in demselben sind im Vergleich zu den Epithelzellen des Ureters und der Urinkammer um ein bedeutendes kleiner, besitzen ziemlich ansehnliche rundliche Kerne und annähernd homogenen Inhalt.

Dieses flache Epithel der Niere ist es nun, welches dem Pflasterepithel des Perikardialsackes unmittelbar aufsitzt und dadurch wurde ich anfangs zu der Ansicht verleitet, es handle sich hier um eine Perikardialdrüse, wie sie Grobben[1] bei den Lamellibranchiern und einer Anzahl von Opisthobranchiern und Anneliden beschrieben hat[2], um so mehr, als ich damals den weiten Hohlraum des blasenartig aufgetriebenen Nierenkopfes für den Perikardialsack selbst ansah.

[1] C. Grobben, Die Perikardialdrüse der Lamellibranchiaten. Ein Beitrag zur Kenntnis der Anatomie dieser Molluskenklasse. Wien 1888. — Derselbe: Die Perikardialdrüse der Opisthobranchier und Anneliden, sowie Bemerkungen über die perienterische Flüssigkeit der letzteren. Wien 1887. Separatabdruck aus dem „Zoologischen Anzeiger" No. 260.

[2] Auf den Rat meines Lehrers, Herrn Geheimrat Leuckart, schickte ich eine Anzahl meiner betreffenden Präparate an Herrn Prof. Dr. Grobben nach Wien. Derselbe hatte mich darauf aufmerksam gemacht, dass ich den Hohlraum des Nierenkopfes, welcher bedeutend grösser ist als der der vorderen Abschnitte der Niere, als den Hohlraum des Pericardiums angesehen hatte, wodurch dann eine falsche Deutung des Endstücks der Niere, d. h. des Nierenkopfes, überhaupt herbeigeführt wurde. Der als Pericardium anfangs von mir gedeutete Raum war eben nichts anderes, als der Innenraum des Nierenkopfes und die vermeintliche Perikardialdrüse, somit nur der von den übrigen Abschnitten verschieden gebaute Endabschnitt der Niere. Die Perikardialdrüse entsteht, wie Herr Prof. Grobben ausdrücklich betonte, immer gesondert von der Niere aus dem Epithel des Pericardiums.

Es sei mir an dieser Stelle gestattet, Herrn Prof. Dr. Grobben für seine Freundlichkeit meinen verbindlichsten Dank abzustatten.

Bei dieser Gelegenheit wiederholte ich auch die Versuche, welche Prof. A. Kowalewsky in Odessa mit der Niere verschiedener niederer Tiere anstellte. Die Resultate dieser Experimente sind im IX. Band des biologischen Centralblattes niedergeschrieben. Den Ausgangspunkt der Untersuchungen über die Exkretionsorgane bildeten die bekannten Arbeiten von Heidenhain, Chrzonsczcwsky und Wittich, nach denen in der Niere der Wirbeltiere zwei physiologisch verschiedene Abteilungen zu unterscheiden sind, nämlich die Malpighi'schen Körperchen und die Harnkanälchen. Diese beiden Abteilungen haben bestimmte Beziehungen zu zwei Farbstoffen, dem karminsauren Ammon und dem Indigokarmin. Der erste wird von den Malpighi'schen Körperchen, der zweite von den Harnkanälchen ausgeschieden.

Die Versuche wurden demnach auch bei Wirbellosen angestellt, da zu erwarten war, dass dieselben Farbstoffe nach der Einspritzung von den entsprechenden Organen ausgeschieden werden würden, und so war denn bei Mollusken das Resultat folgendes: Die Bojanus'schen Organe sind ganz blau geworden, während die Anhänge an den Herzvorhöfen, welche von Prof. Dr. Grobben unter dem Namen der Perikardialdrüsen beschrieben wurden, ganz rot wurden.

Wir haben also zwei Hohlräume nebeneinander, den Innenraum des Nierenkopfes und den Perikardialsack und diese beiden Hohlräume sind es, welche durch den merkwürdigen Wimpertrichter miteinander kommunizieren.

Der Perikardialsack der Planorbiden, welcher von ziemlich bedeutender Grösse und unregelmässig länglicher Gestalt ist, besitzt nur an der zur Lungenhöhle gekehrten Seite eine selbständige Wandung, indem die an die Niere und die Eiweissdrüse grenzende Wand mit den Wandungen der letzteren Organe verwachsen ist (cfr. Nesslix, a. a. O. p. 11). An den beiden Enden ist das Pericardium, wie ich das auch schon bei der kurzen Beschreibung der Blutkreislauforgane erwähnt hatte, mit den Wandungen der letzteren verbunden, oben mit denen der Aorta, unten mit denen der Vena pulmonalis. Seine Auskleidung ist ein Pflasterepithel.

Der Verbindungsgang zwischen Niere und Pericardium verläuft als ein kurzer, etwa im halben rechten Winkel zur Längsaxe der Urinkammer geneigter Kanal, dessen geringer Durchmesser an seinen beiderseitigen Mündungen am weitesten und ungefähr in der Mitte seines Verlaufes, der Perikardialmündung etwas näher gelegen, am engsten ist.

Bevor ich übrigens auf die nähere Beschreibung dieses Verbindungsganges eingehe, möchte ich auch hier in aller Kürze noch einige historische Notizen hinsichtlich der Entdeckung und Beschreibung desselben bei den Mollusken einflechten. Souleyet[1] war der erste, der die Verbindung der Niere mit dem Pericardium bei den Ichnopoden richtig erkannt hat, denn ein Perikardialorgan bei Opisthobranchiern, und darunter ist eben die Verbindung zwischen Niere und Pericardium zu verstehen, kannte schon Cuvier[2], hatte es jedoch als Reservoir für den Harn angesehen. Später beschrieb Hancock[3] diese Kommunikation bei *Doris*, fand aber anfangs die

Prof. Kowalewsky hat *Helix* und *Paludina vivipara* geprüft. Nach der Einspritzung wurden die Tiere violett, nach zwei Tagen wurde der blaue Farbstoff vom Bojanus'schen Organ ganz aufgenommen und die Tiere wurden rot.

Diese Experimente sind mir mit den Planorben leider ganz misslungen und mein Trost war, dass Prof. Grobben das Vorhandensein einer Perikardialdrüse verneint hatte.

[1] Souleyet, Voyage autour du monde etc. p. 495—528.

[2] G. Cuvier, Mémoires pour servir à l'histoire et à l'anatomie de Mollusques. Paris 1817. V. Sur le genus *Doris*.

[3] A. Hancock, On the structure and Homologies of the Renal Organ in the Mollusks. Transact. of the Linn. Soc. Vol. XXIV. 1854. — A. Hancock and D. Embleton, On the anatomy of *Doris*. Philos. Transact. 1852.

Mündung derselben in die Urinkammer nicht und glaubte es mit einem Organ eines Pfortaderkreislaufsystemes zu thun zu haben. Er nannte daher das später von ihm als „pyriform vesicle" bezeichnete Organ ein „portal heart". Der Zusammenhang des Perikardialorganes mit der Niere war ihm zunächst völlig entgangen.

Diesen fand dann Bergh [1], welcher den Verbindungsgang zwischen Niere und Pericardium mit dem Namen „Nierenspritze" bezeichnete. Er trat daraufhin der Ansicht Hancock's entgegen, wonach das Perikardialorgan oder die Nierenspritze einem Pfortadersystem zugehören solle und deutete diese als Niere selbst, welche er dann bei den Nudibranchiern als „einfachen, muskulösen Sack" beschrieb.

In der Arbeit von v. Ihering (a. a. O. p. 593) ist das Organ für die Opisthobranchier folgendermassen beschrieben: „Es hat die Gestalt eines Sackes oder einer Blase, welche an beiden Enden offen ist und durch die eine Öffnung mit dem Pericardium, durch die andere mit der Urinkammer kommuniziert. Die Wände des Perikardialorganes sind mit Längsfalten besetzt, die wieder Seitenfalten tragen und mit Flimmerepithel überzogen sind. Die Perikardialöffnung besitzt einen Sphinkter, durch den sie geschlossen werden kann."

Was die einzelnen Klassen der Mollusken anbetrifft, so haben sich hinsichtlich der hinteren Mündung der Niere folgende Befunde ergeben:

Bei den Acephalen (Lamellibranchiaten) besitzt die paarige Niere (das sogenannte Bojanus'sche Organ) beiderseits einen Trichter, welcher sie mit dem Pericardium verbindet. Bei den Scaphopoden (Dentaliiden), welche ebenfalls eine paarige Niere besitzen, aber eines Herzens und damit auch natürlich eines Perikardialsackes entbehren, kommen diese Verhältnisse in Wegfall. Bei den Chitoniden oder Placophoren mit unpaarer Niere ist der Nierentrichter erst vor kurzer Zeit durch Sedgwick [2] und Haller (a. a. O. p. 40 ff.) aufgefunden worden. Bei den Opisthobranchiern ist der Verbindungsgang, wie vorhin erwähnt, schon von Cuvier, wenn auch nicht in seiner richtigen Eigenschaft erkannt worden und heutzutage unterliegt es keinem Zweifel mehr, dass in dieser Klasse der Mollusken, ausgenommen natürlich die herz- und pericardiumlose Gattung *Rhodope*, der Wimpertrichter in schönster Ausbildung allgemein vorkommt (cf. die citierte Beschreibung, welche v. Ihering gibt).

---

[1] R. Bergh, Anatomiske Bidrag til kundskab om Aeolidierne. Kjoebenhavn 1864. p. 46.

[2] A. Sedgwick, „On certain points in the anatomy of Chiton." From the Proceeding of the Royal Society 1881.

Bei den Prosobranchiern ist der Nierenwimpertrichter erst in neuerer Zeit, hauptsächlich durch die Untersuchungen Haller's definitiv aufgefunden und beschrieben worden. Nüsslin erwähnt in seiner Arbeit nur die Entdeckung des Wimpertrichters bei Embryonen von *Paludina* durch Bütschli, während Leydig bei erwachsenen Paludinen keine Kommunikation zwischen Niere und Pericardium fand. Auch bei den mit paariger Niere ausgestatteten Arthrocochliden ist der Wimpertrichter durch Haller's Untersuchungen endgültig nachgewiesen worden.

Bei den Heteropoden besteht allgemein eine Öffnung der Niere in den Perikardialsinus, wie das Leuckart [1] und Gegenbaur [2] schon in den fünfziger Jahren nachgewiesen hatten. Letzterer bemerkt dabei ausdrücklich, dass durch diese Einrichtung dem Pericardium Wasser aus der Niere zugeführt wird. Die nämlichen Verhältnisse finden sich auch bei den Pteropoden wieder, während die Cephalopoden in der Ausbildung des Exkretionsorganes von den übrigen Mollusken sich abweichend verhalten.

Was nun unsere Planorbiden und damit die sämtlichen Basommatophoren anbelangt, so fand ich hinsichtlich des Wimpertrichters folgendes vor:

Seine Wandungen bestehen aus einem Cylinderepithel, welches mit sehr langen Flimmerwimpern besetzt ist. Zwischen der Wand der Niere, beziehungsweise des Perikardialsackes, welche an die Lungenhöhle grenzt, und dem Flimmerepithel des Verbindungsganges liegt eine zarte Muskelschicht. Ob aber die an der Perikardialmündung desselben gelegenen spärlichen Muskelfasern die Funktion eines Sphinkters vollziehen, wie es Nüsslin vermutet, lasse ich dahingestellt sein. Die Enden der Wimpern sind gegen die Niere hin gerichtet. Dieses Flimmerepithel des Verbindungsganges geht an dessen beiderseitigen Enden unmittelbar sowohl in das Pflasterepithel des Pericardiums, als auch in das konkrementführende Drüsenepithel der Niere über. welches sich noch am Anfang des blasig erweiterten Nierenkopfes findet; es unterscheidet sich jedoch deutlich von diesen beiden letzteren Epithelien. Seine Zellen sind grosse Cylinderzellen. Am grössten sind dieselben an der Nierenmündung, von wo aus sie sich nicht unbeträchtlich gegen die Perikardialmündung hin verflachen. Mit der Höhe der Cylinderzellen geht die Grösse des Zell-

---

[1] R. Leuckart, Zoolog. Untersuchungen. Giessen, Heft III. 1854.

[2] Gegenbaur, Untersuchungen über Pteropoden und Heteropoden. Leipzig 1855. S. 192 u. 201.

kerns Hand in Hand, dabei besitzen die grossen Cylinderzellen etwas
ovale, die flacheren kleinere, nahezu kreisrunde Kerne (Taf. II Fig. 6).
Faltenartige Vorsprünge der Innenwand des Verbindungskanals, wie
sie Nüsslin (a. a. O. p. 11) beschreibt, konnte auch ich erkennen,
sie sind aber nur ganz niedrig, so dass das Lumen des Trichter-
ganges nicht immer eine gleichmässig runde oder ovale Form im
Querschnitt zeigt. Ebenso fand ich eine Verästelung des Wimpertrichters gegen die Niere hin in zwei Äste; ich kann auch die nicht
unbeträchtliche Erweiterung des Kanals gegen die Nierenmündungen
hin konstatieren. Im ganzen also decken sich die Verhältnisse der
Kommunikation zwischen Niere und Pericardium bei den Planorbiden
so ziemlich mit denen, welche Nüsslin an *Helix pomatia* L. und *hor-
tensis* Müll. für die stylommatophoren Pulmonaten beschrieben hat.
Nur scheint mir nach der Schilderung unseres Autors der Wimpertrichter, wenigstens was die Dimension desselben anbelangt, bei den
Landpulmonaten noch mehr, ja sogar bedeutend mehr rückgebildet
zu sein, als bei den Süsswasserpulmonaten. Nüsslin macht nämlich
darauf aufmerksam, dass, obgleich Niere und Pericardium, speciell
bei *Helix pomatia* L. eine beträchtliche Grösse besitzen, die Kommunikation sich doch kaum mit blossem Auge erkennen lässt.

Dafür möchte ich in bezug auf die Planorbiden hinzufügen,
dass bei den kleineren Species der Wimpertrichter an Länge kaum
hinter der Maximalausdehnung des Perikardialsackes zurückbleibt:
bei den grösseren Arten, besonders bei dem grossen *Planorbis corneus* L., ist der Verbindungsgang allerdings relativ wieder kürzer
und schmäler.

Nüsslin zieht aus den Resultaten seiner Untersuchung weiterhin den ganz richtigen Schluss, dass bei Aufrechterhaltung der Ho-
mologie für Kommunikation zwischen Niere und Perikardialsack inner-
halb des Molluskentypus und speciell der Gastropodenklasse, dieselbe
bei *Helix*, also bei den Landpulmonaten überhaupt, ein in Rück-
bildung begriffenes Organ darstellt. Ich kann diese Angabe Nüsslin's nun auch auf die Süsswasserpulmonaten ausdehnen und demnach gilt sie wohl für alle Lungenschnecken. Erwähnenswert ist
noch folgende Bemerkung Nüsslin's, welche sich direkt auf die eben
angeführte Thatsache bezieht. Er schreibt:

„Dieser Annahme kommt eine entwickelungsgeschichtliche Thatsache zu Hilfe: Bütschli[1] hat nämlich nachgewiesen, dass beim Em-

---

[1] Bütschli, Entwickelungsgeschichtliche Beiträge. Zeitschr. f. wiss. Zool.
Bd. XXIX. S. 230.

bryo von *Paludina vivipara* die Niere mit dem Perikardialsack durch eine verhältnismässig sehr weite Öffnung kommuniziert; nun besitzen wir aber zugleich eine sehr genaue anatomische Untersuchung über die erwachsene *Paludina vivipara* L. von LEYDIG [1], aus welcher hervorgeht, dass der Perikardialsack ein völlig geschlossener Raum ist.

Aus diesen Resultaten folgt, dass bei *Paludina vivipara* L. im Laufe der individuellen Entwickelung die Kommunikation zwischen Niere und Pericardium verschwindet.

Unverkennbar besitzt diese Thatsache für die Auffassung der entsprechenden Verhältnisse bei *Helix* grosse Bedeutung, welche kaum dadurch beeinträchtigt wird, dass *Paludina* zu den Prosobranchiaten gehört.

Die Bedeutung jener Thatsache würde noch erheblich gesteigert, wenn es gelänge, auch bei der erwachsenen *Paludina* eine Verbindung zwischen Niere und Pericardium aufzufinden; denn sicherlich würde dieselbe in ähnlicher Weise, wie bei *Helix*, verkümmert sein, sonst wäre sie LEYDIG nicht entgangen."

In der That hat inzwischen auch ein Schüler NUSSLIN's, G. WOLFF [2] in Karlsruhe, die freilich in hohem Grade rückgebildete innere Nierenmündung bei *Paludina* und einigen anderen derselben nahe verwandten einheimischen Süsswasserprosobranchiaten nachgewiesen und daraus geschlossen, dass dieselbe bei diesen Mollusken in noch höherem Masse zurückgebildet sei, als bei den Pulmonaten. Die Behauptung darf aber im Hinblick auf die Untersuchungen HALLER's (a. a. O. p. 6—21) über die Niere der Prosobranchier als nicht zutreffend bezeichnet werden, denn dieser Autor beschreibt bei einer ganzen Anzahl von Prosobranchiern einen sehr deutlich entwickelten Trichtergang, z. B. bei *Fissurella, Haliotis, Turbo, Trochus, Voluta, Conus, Cypraea* u. a. m. Es mag ja sein, dass sich bei einigen, vielleicht den Süsswasserprosobranchiern, dieser Nierentrichter zurückgebildet hat, im allgemeinen jedoch scheinen nach HALLER's Untersuchungen die Vorderkiemer durchschnittlich noch besser hinsichtlich dieses Organs ausgestattet zu sein als die Pulmonaten. Die Prosobranchier stehen hiernach offenbar zwischen den Opisthobranchiern und den Pulmonaten.

---

[1] Leydig, Über *Paludina vivipara*. Zeitschr. f. wiss. Zool. Bd. II.

[2] Wolff, Einiges über die Niere einheimischer Prosobranchiaten. (Vorläufige Mitteilung.) Karlsruhe 1887.

Die ersteren besitzen, wie wir wissen, allgemein eine Kommunikation zwischen Niere und Pericardium in schönster Ausbildung.
Dabei ist die Oberfläche des Verbindungsganges durch Längs- und
Querfalten vermehrt, mit ansehnlicher Muskulatur ausgestattet und
ein Sphinkter verschliesst die Perikardialmündung.

Über die physiologische Bedeutung des Nierenwimpertrichters
herrscht immer noch Dunkel, ebenso über die Blutaufnahme und
Wasserabgabe der Niere. Etwas Positives vermag auch ich nicht
hinzuzufügen und neue Theorien über diese Fragen aufzustellen,
scheint mir wenig lohnend. Ich lasse mich deshalb auf diesen Punkt
nicht ein, sondern verweise nur auf die Arbeiten von SEMPER, NÜSS-
LIN, NALEPA und v. IHERING, welche ich schon zu wiederholten Malen
citiert habe.

Anhang.

Biologische Betrachtungen.

1. Das Schwimmen und Kriechen.

Dem eigentümlichen Schwimmen der Süsswasserpulmonaten an der Oberfläche des Wassers, wobei sich die Tiere in verkehrter Stellung, die Fussfläche nach oben, das Gehäuse nach unten, fortbewegen, haben schon in ziemlich früher Zeit die Malakologen und unter ihnen hauptsächlich Moquin-Tandon[1] ihre Aufmerksamkeit zugewendet. Diese Forscher haben jedoch alle möglichen Organe unserer Tiere für die merkwürdige Art der Lokomotion in Anspruch genommen, Moquin-Tandon z. B. (l. p. 164) die Sohle, welche durch ihre Biegung mit Beihilfe des Schwanzes und der Fühler dazu beitragen sollte, auch sollten die Lippenwülste als Ruderapparate gedient haben.

Diese und anderweitige Anschauungen haben nun durch die vor nicht langer Zeit erfolgten genauen Beobachtungen Simroth's[2] ihre Berichtigung gefunden. Dieser Forscher hat nachgewiesen, dass alle von Moquin-Tandon angeführten Organe mit Ausnahme der Sohle für eine solche Lokomotion völlig nutzlos sind. Dafür aber hat derselbe vor allen Dingen auf die Thatsache aufmerksam gemacht, dass unsere Süsswasserpulmonaten, obgleich sie durch das in ihrer Lungenhöhle nach Belieben regulierbare Luftquantum das specifische Gewicht des Wassers annehmen können, niemals frei mitten durch das nasse Element schwimmen[3], sondern stets mit der Sohle an der Oberfläche

---

[1] Moquin-Tandon, Les Mollusques terrestres et fluviatiles de France.

[2] H. Simroth, Über die Bewegung und das Bewegungsorgan von Cyclostoma elegans etc. Ztschr. f. wiss. Zool. Bd. XXXVI. p. 29.

[3] Simroth hat mir jedoch erst vor ganz kurzer Zeit die Mitteilung gemacht, dass er ein solches freies Schwimmen bei kleinen Lymnaeen beobachtet,

hängen, das Gehäuse nach unten gekehrt. Die Ursache dieser merkwürdigen Bewegungsart hat SIMROTH in der Beschaffenheit eines Schleimbandes gefunden, das „vom Fusse abgesondert wird und wie ein langes Tuch, das am Vorderrande des Tieres sich stets um dessen Weg verlängert, auf der Oberfläche schwimmt und völlig bewegungslos vom Erzeuger zurückgelassen wird. Dieses Schleimband ist die Lamelle zwischen Wasser und Luft. Man bemerkt es nur bei sehr günstigem Lichtreflex; sonst hätte es den Beobachtern nicht entgehen können."

Ich kann diese Angaben SIMROTH's durch meine eigenen Beobachtungen nur bestätigen. Besonders deutlich habe ich das Schleimband bei der Betrachtung einer schwimmenden *Lymnaea ovata* DRP. gesehen, bei welcher es entsprechend der bedeutenden Ausdehnung der Sohle sehr breit ist und als schwachschimmernder Streifen an der Wasseroberfläche hängt. Bei den Planorbiden, namentlich bei den kleinen Arten, ist es entsprechend der gestreckten Sohle auch sehr schmal und daher nicht leicht zu erkennen, doch habe ich es selbst bei *Planorbis rotundatus* MOQ.-TAND. gesehen, als es mit dem in flachem Winkel (am Abend) darauffallenden Sonnenstrahl in eine und dieselbe Vertikalebene zu liegen kam. SIMROTH hat uns dann an der genannten Stelle noch ausführlich über die Beschaffenheit des das Band bildenden Schleimes berichtet und ist zu der Anschauung gekommen, dass die Kohäsion des Schleimes grösser ist, als seine Adhäsion zum Wasser oder mit andern Worten, dass Schleim und Wasser im Verhältnis der Abstossung der Kapillardepression zu einander stehen.

So war denn die Frage beantwortet, warum diese Tiere in so eigentümlicher Weise an der Oberfläche hingleiten und demnach eigentlich kriechen, und zwar, wie SIMROTH angibt, in ganz gleichmässiger Geschwindigkeit.

In bezug auf die letztere Angabe hat SIMROTH wohl nur Lymnaeen beobachtet, doch mag sie vielleicht auch noch für den grossen *Planorbis corneus* L. Geltung haben. Bei unseren kleinen Planorben zeigen sich etwas abweichende Verhältnisse, ganz besonders bei den Arten mit ausgedehnten, flachscheibenförmigen Gehäusen.

SIMROTH hat zwar auch das Schwimmen der Planorben speciell

zu gleicher Zeit aber die Wahrnehmung gemacht habe, dass dieses scheinbare Schwimmen ein Dahinkriechen auf einem durch das Wasser gezogenen Schleimfaden sei. Die Haltung des Tieres ist dabei die nämliche, wie beim Kriechen auf dem Boden. Das Gehäuse sieht also nach oben.

erwähnt und die von mir im folgenden eingehend beschriebenen Verhältnisse der Bewegungsart beim Schwimmen offenbar schon erkannt, dieselben auch durch ein einfaches, physikalisches Problem erklärt (l. c.). Indessen muss ich den Bemerkungen unseres Autors noch einiges hinzufügen.

Schon früher habe ich auf das Verhältnis der Fussfläche besonders hinsichtlich der Länge derselben zu der Länge des ganzen Körpers, beziehungsweise zu dem Maximaldurchmesser des Gehäuses bei den verschiedenen Arten die Aufmerksamkeit hingelenkt.

Dabei sind wir bekanntlich zu der Überzeugung gekommen, dass mit der Grösse der Arten dieses Verhältnis sich ändert, so zwar, dass die grossen Arten einen auch verhältnismässig viel grösseren Fuss haben als die kleinen. So haben wir z. B. gesehen, dass bei *Planorbis corneus* L. das Verhältnis von Fusslänge zum Maximaldurchmesser der Schale so ziemlich = 1 : 1 gesetzt werden kann (s. Taf. I Fig. 1), bei *Planorbis marginatus* Müll. und *carinatus* Drp. ist dieses Verhältnis ungefähr 1 : 2 und bei den Species mit den vollkommen scheibenförmigen Gehäusen konnten wir das Verhältnis ungefähr als 1 : 3 bis 1 : 4 angeben (s. Taf. I Fig. 3). Es wird demzufolge wohl einleuchtend sein, dass die Bewegungsart bei den verschiedenen Arten sich auch verschieden zeigen wird, bei den kleinen Arten etwas anders als bei den grossen.

Betrachten wir zunächst noch einmal eine *Lymnaea*, z. B. *L. auricularis* L., so werden wir es begreiflich finden, dass die ausserordentlich breite und grosse Fussfläche dieses Tieres durch das Ausscheiden des Schleimbandes ein bequemes und sehr gleichmässiges Dahingleiten ermöglicht, denn das Gewicht des übrigen Körpers mit der dünnen Schale steht dem des Fusses entschieden nach und wenn auch das Tier durch Füllen seiner Lungenhöhle mit Luft sein specifisches Gewicht auf 1 bringen kann, so müssen wir doch in der Kohäsion des Schleimbandes den Hauptfaktor erblicken, welcher diese gleichmässige Lokomotion bewerkstelligt.

Ganz ähnlich verhält sich in dieser Beziehung auch unser grosser *Planorbis corneus* L., wenn auch seine Sohlenfläche lange nicht mehr diese Ausdehnung erreicht, wie die unserer Lymnaeen, denn ihm steht, was wir später hinsichtlich der kleinen Arten als ein besonders wichtiges Moment kennen lernen werden, die viel grössere Luftquantitäten fassende Lungenhöhle als weiteres Hilfsmittel zu Gebot.

Planorbis corneus L. hat ein ziemlich fest- und dickschaliges

Gehäuse, das bedeutend schwerer ist, als das einer gleich grossen
Lymnaea. Das Tier könnte niemals sein specifisches Gewicht auf 1
bringen, wenn seine Atemhöhle nicht bedeutend mehr Luft zu fassen
im Stande wäre, als die unserer Lymnaeen. Betrachten wir einen
schwimmenden *Planorbis corneus* L. — diese Tiere schwimmen übrigens nach meinen Beobachtungen viel seltener als die grossen Lymnaeen -- so werden wir die Schale in den meisten Fällen nicht
senkrecht nach unten gerichtet, sondern seitswärts vom Tiere in
mehr oder weniger horizontaler Lage sehen. Es unterliegt hiernach
keinem Zweifel, dass das specifische Gewicht eines solchen schwimmenden *Planorbis corneus* L. in der Regel weniger als 1 beträgt.
Die Fussfläche wird daher durch das wie ein Luftballon im Wasser
sich verhaltende Gehäuse geradezu an die Oberfläche des Wassers
angedrückt. Ein gleichmässiges Fortgleiten gelingt aber dem Tiere
viel besser, wenn sein Gehäuse (der Tragballon) senkrecht unter
seiner Fussfläche sich befindet, denn bei der seitlichen Lage der
Schale ist die Fussfläche sozusagen negativ ungleich belastet oder
mit andern Worten, die eine Seite der Fussfläche wird stärker gegen
die Wasseroberfläche gedrückt als die andere. So sehen wir denn,
dass die Tiere von Zeit zu Zeit ihre Schale mit einem kräftigen
Ruck von der horizontalen in die Vertikalstellung zurückführen. So
lange diese Bewegung dauert, hält das Tier nach meinen Beobachtungen mit der Gleitbewegung ein, dieselbe ist also bei *Planorbis
corneus* L. im Gegensatz zu der vollständig gleichmässigen Gleitbewegung unserer Lymnaeen von Zeit zu Zeit unterbrochen.

Noch viel deutlicher aber tritt uns diese Erscheinung entgegen,
wenn wir eine von denjenigen *Planorbis*-Arten beobachten, bei denen
der Fuss im Verhältnis zum übrigen Körper eine unbedeutende Grösse
hat, die Länge der Fussfläche vielleicht nur den dritten oder gar
vierten Teil vom Maximaldurchmesser des flachen, scheibenförmigen
Gehäuses beträgt. Es sind dies vornehmlich die beiden Species
Planorbis rotundatus Moq.-Tand. und *vortex* L. Bei diesen Tieren
nimmt (ich habe schon bei früheren Gelegenheiten verschieden darauf
hingewiesen) die Lungenhöhle mehr als die Hälfte des ganzen Körpers ein. Dazu ist sie stets mit Luft vollständig angefüllt. Daraus
geht mit untrüglicher Sicherheit hervor, dass das specifische Gewicht dieser Tiere immer ein Beträchtliches unter 1 beträgt. Das
Gehäuse, welches in seinem voluminösesten jüngsten Umgange die
enorme, luftgefüllte Lungenhöhle des Tieres beherbergt, wirkt hier
wie die Schwimmblase eines Fisches oder wie ein Luftballon. So

sehen wir den auch, dass diese Tiere, wenn sie am Boden kriechen, das im Verhältnis zu ihrer Fussmasse kolossale Gehäuse stets ganz senkrecht nach oben tragen. Wir wollen nun bei diesen Tieren die Schwimmbewegung speciell betrachten und das um so mehr, als ich manchmal Gelegenheit hatte, auch die Vorbereitungen zum Schwimmen zu beobachten.

Nachdem das Tier die Sohle vom Boden gelöst hat, steigt dasselbe mit prall gefülltem Lungensacke sehr rasch vom Boden frei durch das Wasser zur Oberfläche auf, wo es anfangs mit nach unten gekehrter Gehäusemündung hängen bleibt; sodann wendet es sein flaches, scheibenförmiges Gehäuse offenbar durch Verschieben des im Lungensacke befindlichen Luftquantums in die horizontale Lage, dreht hierauf die Fusssohle nach dem Wasserspiegel hin, befestigt sie dort nach Möglichkeit durch Ausscheidung des Schleimbandes und wendet schliesslich mit einem Ruck das Gehäuse nach unten in die Vertikalstellung. Nun beginnt die eigentliche, für diese Tiere charakteristische Schwimmbewegung mittels des Schleimbandes. Das Tier beginnt vorwärts zu gleiten, während das Gehäuse, sein Luftballon, nach der Oberfläche emporsteigt und sich in horizontaler Lage seitlich vom Tiere an dieselbe anlegt. Nun hält das Tier einen Augenblick an und bringt sein Gehäuse während des Nachziehens desselben durch Kontraktion des sogenannten Musculus columellaris mit einem mächtigen Ruck wieder in die vertikale Stellung, um sodann weiter zu gleiten. Dabei steigt jedoch das Gehäuse wiederum an die Oberfläche zur Seite des Fusses auf und legt sich zu gleicher Zeit wieder horizontal. Auf solche Weise ist das Schwimmen unserer kleinen Planorben kein gleichmässiges Dahingleiten, wie das der Lymnaeiden, sondern eher eine ruckweise Schreitbewegung zu nennen.

Einen weiteren Ersatz für die breite Fussfläche der Lymnaeen bietet unseren Planorbiden übrigens die gesteigerte Schleimabsonderung. Wir haben bei der Betrachtung des Fusses gesehen, dass in der Muskulatur des vorderen Teiles, der sogenannten Fusswurzel, eine grosse Menge einzelliger Schleimdrüsen eingelagert sind und dass daher die Schleimabsonderung am Fuss eine bedeutende ist. Die Schleimschicht des Gleitbandes ist demnach offenbar bei den Planorbiden eine viel dickere als bei den Lymnaeiden. Doch ist dieses Hilfsmittel wohl nur ein sehr untergeordnetes. Das wichtigste Moment ist und bleibt die gewaltige Lungenhöhle, welche beträchtliche Luftquantitäten zu fassen vermag und welche das Gehäuse unserer Tiere eben zu einer Schwimmblase oder einem Luftballon, zu einem hydrostatischen Ap-

parat macht, wie wir ihn bei der gekammerten Schale eines *Nau-
tilus* ebenfalls im Interesse des Schwimmens schon seit lange
kennen.

Aber noch wichtiger als beim Schwimmen ist meiner Ansicht
nach für unsere Tiere dieser hydrostatische Apparat beim Kriechen
am Boden oder an der Wand von Steinen und an Pflanzen. Wie
wäre ein *Planorbis cortex* L., dessen Eingeweidebruchsack zehnmal
so lang ist als der Fuss, und im aufgewundenen Zustand mit dem
spiraligen, flachscheibenförmigen Gehäuse im Maximaldurchmesser
immer noch mindestens das Dreifache der Fusslänge darstellt, im
stande, mit der kurzen und schmalen Sohle seinen Körper mitsamt
der Schale nachzuziehen und in der Höhe zu erhalten, wenn nicht
das Gewicht desselben durch die enorm lufthaltige Atemhöhle kleiner
wäre, als die von ihm verdrängte Wassermenge? Wir sehen daher
auch, dass beim Kriechen unserer Tiere auf dem Boden das im Verhältnis zu der Fussmasse sehr grosse Gehäuse nicht wie bei *Planorbis corneus* L. etwas nach der Seite geneigt getragen wird, sondern senkrecht über dem Fusse seinen Platz hat, beim Kriechen
nach der Höhe also (z. B. an einem vertikalen Pflanzenteile) stets
über den Kopf nach vorne überragt. Auf diese Art und Weise wird
das Tier eigentlich fortwährend nach oben gezogen und man kann
sehr leicht beobachten, dass sich dasselbe mit seinem Schleim
thatsächlich am Boden oder an der Wasserpflanze ankleben muss.
Die Sohle darf nur loslassen, so steigt es mit bedeutender Geschwindigkeit frei durch das Wasser an die Oberfläche desselben
empor.

Wie notwendig neben der grossen Atemhöhle für unsere Planorben, namentlich die kleineren, auch die spiralige Aufwindung des
langen Körpers in der Ebene ist, beweist folgendes Experiment:
Beraubt man einen *Planorbis* vorsichtig der Schale, um das Tier dabei möglichst vor Verletzungen zu wahren und bringt dasselbe in ein
mit so wenig Wasser gefülltes Gefäss, dass der Eingeweidebruchsack sich nicht, wie im tieferen Wasser, durch den prall mit Luft
gefüllten Lungensack senkrecht stellen kann, sondern über den sehr
niedrigen Wasserstand in die Luft herausragt, so ist das Tier durchaus nicht im stande, weiterzukriechen. Erstens ist infolge der kleinen
Fussmasse das Gewicht des Fusses gegenüber dem des übrigen Leibes
viel zu gering und bietet daher keinen Anhalt, auch ist weiterhin die
den Musculus columellaris ersetzende verdickte Hautmuskulatur viel
zu schwach, um die Körpermasse nachzuziehen. Eine *Lymnaea* mit

ihrem mächtigen breiten Fuss vermag hingegen selbst in dieser Situation noch ohne besondere Schwierigkeit vom Fleck zu kommen.

Wir sehen demnach, wie unentbehrlich die vollständige und ungestörte Wirksamkeit dieses hydrostatischen Apparates verbunden mit der spiraligen und ebenen Aufwindung des so bedeutend in die Länge gezogenen Körpers für unsere Schnecken ist, beim Kriechen noch wichtiger als beim Schwimmen. Denn so notwendig sie auch bezüglich der letzteren Lokomotionsart ist, so wird sie doch anderseits wieder zu einem, wenn auch nicht gerade besonders hervortretenden Nachteile, indem sie, wie wir gesehen haben, eine in gleichmässiger Geschwindigkeit ausgeführte Gleitbewegung verhindert und dafür eine ruckweise bedingt. Eine Folge hiervon dürfen wir ganz entschieden in der Thatsache erblicken, dass unsere Planorben viel mehr kriechen als schwimmen und auch im Vergleich mit den Lymnaeen von der letzteren Lokomotionsart viel weniger Gebrauch machen als diese, eine Thatsache, die auch schon Lehmann in seinem Buche erwähnt hat.

Aus diesen Betrachtungen können wir für die Süsswasserpulmonaten folgendes Resultat ziehen: Je mehr die Dimension der Flussfläche und Fussmasse gegenüber der des übrigen Körpers samt dem Gehäuse zunimmt, um so geringer ist die Ausdehnung und Luftkapazität der Lungenhöhle, um so weniger muss diese und durch diese das Gehäuse als Luftballon, als hydrostatischer Apparat wirken, um so gleichmässiger wird dann anderseits die Schwimmbewegung der Schnecke sein.

2. Das Verlassen des Wassers.

Unsere einheimischen Planorbiden haben mit Ausnahme einer einzigen Species, und das ist wieder der grosse *Planorbis corneus* L., beim Halten in Aquarien ganz besonders, indessen aber auch im Freien mehr als die Lymnaeiden die Neigung, das Wasser auf kürzere oder längere Zeit zu verlassen.

Von den Lymnaeiden ist es eigentlich nur eine einzige Art. *Lymnaea minuta* oder *truncatula* L., welche durch Hinaufkriechen an Pflanzen längere Zeit das Wasser verlässt, eine Thatsache, auf die schon Leuckart in seinem Werke über die Parasiten des Menschen gelegentlich aufmerksam zu machen in der Lage war. Überhaupt verhält sich diese Lymnaeide auch in dem sogleich näher zu behandelnden Punkte den Planorbiden ähnlich, von denen wiederum nur *Planorbis corneus* L. eine Ausnahme macht.

Unsere übrigen Planorben verschliessen nämlich nach dem Verlassen des Wassers ihr Gehäuse mit einem weissen, häutigen Deckel, dessen konkave Fläche nach aussen sieht. LEHMANN bezeichnet diesen Deckel als ein dünnes, gallertiges Diaphragma. Am stärksten ist dieser Deckel bei den beiden Species *Planorbis rotundatus* MOQ.-TAND. und *cortex* L., aber auch bei *Planorbis contortus* L. und *albus* MÜLL. fand ich das Gehäuse nach Verlassen des Wassers mit einem kaum dünneren Deckel verschlossen, während derselbe dagegen bei den von mir weiter noch beobachteten Species *Planorbis nitidus* L., *complanatus* DRP., *marginatus* MÜLL. und *carinatus* DRP. nur ein dünnes Häutchen repräsentiert.

Es wurde mir daher auch klar, warum die letztangeführten Arten, namentlich junge Exemplare derselben, gar bald nach Verlassen des Wassers zu Grunde gingen, während dagegen *Planorbis rotundatus* MOQ.-TAND., den ich bezüglich dieser Verhältnisse am besten beobachten konnte, selbst nach Wochen die ganze, verhältnismässig energische Lebensthätigkeit wieder aufnahm, sobald er in das Wasser zurückgebracht wurde.

Die Fundorte der letzteren Species im Freien beweisen sofort, dass wir in dieser Erscheinung eine Anpassung im Interesse der Erhaltung der Art vor uns haben. Die stagnierenden Gewässer, welche dieser *Planorbis* bewohnt, sind manchmal sehr klein und infolgedessen in regenarmen Sommern leicht der Gefahr des Austrocknens ausgesetzt. Da müssten dann jedesmal unsere Tiere zu Grunde gehen, wenn sie sich nicht auf diese einfache Weise die Fähigkeit des Trockenschlafes erworben hätten. Dasselbe gilt von *Planorbis vortex* L., ebenso von *Planorbis contortus* L. und *albus* MÜLL. Ich will bei dieser Gelegenheit auch noch einmal auf einen Punkt zurückkommen, den ich bei der Beschreibung des Genitalapparates unserer Tiere erwähnt hatte. Ich hatte daselbst darauf hingewiesen, dass diese letztangeführten vier Arten in ungeheurer Menge ihre Geschlechtsstoffe, namentlich die männlichen, produzieren. Ich glaube nun mit Bestimmtheit, dass auch diese Thatsache zu den eben angeführten biologischen Verhältnissen unserer Tiere in Beziehung steht.

Eine viel auffälligere Erscheinung hinsichtlich der Fähigkeit des Trockenschlafes bietet uns die bekannte tropische Süsswasserkiemenschneckengattung *Ampullaria*, welche sich vorzugsweise in den süssen Gewässern von Südamerika findet, die regelmässig in der regenarmen Jahreszeit austrocknen.

Es gibt aber auch unter den marinen Prosobranchiern eine An-

zahl von Schnecken, welche die sogenannten „Gezeitenschnecken"
repräsentieren. Diese Tiere kriechen bekanntlich an den felsigen Ge-
staden des Meeres so hoch hinauf, dass sie entweder nur durch die
Spritzwogen der Brandung bei stürmischer See oder durch Hoch-
und Springflut wieder befeuchtet werden können (*Litorina, Patella.
Fissurella* u. a.). Endlich sind aber auch neuerdings von den Süsswasserpulmonaten mehrere bekannt geworden, welche ihr Element
offenbar definitiv mit dem Lande vertauscht haben.

Vom Genus *Lantzia* (JOUSSEAUME 1872) lebt eine Art, *L. cari-
nata* Jouss., auf der Insel Réunion in feuchtem Moos in einer Höhe
von 1200 m über dem Meer[1], ferner ist eine Ancylide, *Brondelia
gibbosa* BOURG., auf feuchten Felsen des Waldes von Edough in Algier beobachtet worden[2]. Hier haben wir zweifelsohne den ent-
scheidenden Schritt vom Wasserleben zum Landleben vor uns und
dieser Schritt ist bei den Süsswasserpulmonaten nicht allzu schwer,
denn einerseits gibt es ja auch Landschnecken, welche in der Ausbildung der Sinnes- und andere Organe noch sehr den Süsswasserpulmonaten ähneln, nämlich die Auriculaceen, und anderseits
dürfen wir nicht vergessen, dass die Süsswasserpulmonaten eben
echte Lungenschnecken sind, welche atmosphärische Luft zu ihrer
Existenz brauchen. Allerdings haben sich, wie wir bald nachher
sehen werden, einige Lymnaeaceen zum dauernden Leben unter
Wasser angepasst, aber es sind das eben Ausnahmen. Hinsichtlich
ihrer ganzen Lebenserscheinungen und ihrerer Entwickelung könnte
man die Süsswasserpulmonaten die Amphibien unter den Weich-
tieren nennen.

Sollte nun das Verlassen des Wassers bei unseren Planorben
auch ein Schritt zur Anpassung an das Landleben sein? Ich glaube
nicht. Denn das Leben, welches diese Tiere ausserhalb des Wassers
führen, ist ja gleichsam ein latentes; ich möchte das Verschliessen
des Gehäuses mittels des häutigen Deckels eine Art von Encystie-
rung nennen.

Auch Landschnecken, bekanntlich viele Heliciden, bilden in den
tropischen Gegenden während der heissen und trockenen Zeit in
unserem Klima während des Winters Deckel, unter deren Schutz
sie lange Zeit lebend bleiben. Ein zweites Moment, das gegen diese
Annahme spricht, ist die Thatsache, dass unsere grösste Species.

[1] Fischer, Manuel de conchyliologie. p. 502.
[2] Fischer, a. a. 0. p. 504.

Planorbis corneus L., in diesem Punkt eine Ausnahme macht [1]. Diese Art verlässt das Wasser niemals und zeichnet sich obendrein nicht nur gegenüber den anderen *Planorbis*-Arten, sondern auch gegenüber sämtlichen Lymnaeiden dadurch aus, dass sie ganz nach Art der Ampullarien durch Doppelatmung an die Aufnahme von atmosphärischer und der im Wasser enthaltenen Luft angepasst ist. Simroth erblickt hierin eine Rückanpassung an das Wasserleben, worauf ich zum Schluss noch einmal zu sprechen kommen werde. Dieser Autor hat auch eine merkwürdige Differenzierung der Atemhöhle dieser Schnecke beschrieben [2] und eine genaue Abbildung beigefügt. Die Atemhöhle dieses *Planorbis* wird nämlich durch eine am Boden derselben hinlaufende Leiste in zwei Räume geteilt, von denen der eine mit einem schwellbaren Kiemenfortsatz versehen, zur Wasseratmung in Verwendung gebracht werden kann. Simroth hat diese Verhältnisse in treffender Weise durch die Betrachtung der Entwickelung derselben mit den entsprechenden Erscheinungen bei *Paludina*, also einer echten Kiemenschnecke verglichen und danach die Süsswasserpulmonaten unter der Bezeichnung „Pulmobranchier" als vermittelnde Formen zwischen den Kiemenschnecken und Landlungenschnecken hingestellt.

Ausserdem beschreibt unser Autor [3] noch zwei weitere Falten in der Atemhöhle des *Planorbis corneus* L., eine Leiste an der Decke derselben und einen Kiemenkamm. Das sind jene merkwürdigen Gebilde, durch welche auch Behme (a. a. O. p. 16) bei der Untersuchung der Atemhöhle dieser Schnecke stutzig wurde und deren Bedeutung er sich nicht erklären konnte. Er schreibt zudem noch, er habe hierüber nirgends Angaben gefunden, hat also offenbar Simroth's citierte Arbeit nicht gekannt.

—

[1] Die Ursachen des regelmässigen Emporkriechens an den Glaswänden über den Wasserspiegel, das bei den in den Aquarien des zoologischen Instituts in Leipzig gehaltenen Planorbiden, mit Ausnahme von *Planorbis corneus* L., immer zu beobachten war, konnte ich mir nicht recht erklären. Das einzige, was ich sicher behaupten kann, ist, dass die Erhöhung der Temperatur des Wassers im Sommer die Planorben massenhaft zum Verlassen desselben getrieben hat. Sie befanden sich fast sämtlich 1—3 cm über dem Wasserspiegel an den Glaswänden der Aquarien wahrscheinlich durch Schleim festgeklebt. Mit Ausnahme von *Planorbis nitidus* L., welcher stets nach 1—2 Tagen zu Grunde ging, hielten sich sämtliche Planorben gut.

[2] H. Simroth, Die Sinneswerkzeuge der einheimischen Weichthiere. Ztschr. f. wiss. Zool. Bd. XXVI. p. 340—344.

[3] H. Simroth, a. a. O. p. 343.

Die anderen Planorben unserer Fauna zeigen — und davon hatte sich ebenfalls Simroth (a. a. O. p. 344) schon überzeugt — diese merkwürdige Differenzierung der Atemhöhle nicht, sind also im entwickelten Zustande, wie die meisten[1] Lymnaeiden, echte Lungenschnecken geworden, welche bloss noch atmosphärische Luft zu atmen im stande sind. Wenn man diese Tiere zwingt, unter Wasser zu verharren, so gehen sie vielfach in nicht langer Zeit, oft schon nach zweimal 24 Stunden zu Grunde[2]. *Planorbis corneus* L. dagegen bleibt auch bei andauerndem Aufenthalt unter Wasser am Leben.

Könnte man alle exotischen Planorben auf diese Verhältnisse untersuchen, so würde man sicherlich eine Reihe von Übergangsformen finden. Ich muss deswegen Simroth ganz recht geben, wenn er sagt, dass ein Genus, bei dem ein Organ in seiner Funktion bei einer und derselben Art, in seiner morphologischen Ausbildung bei den verschiedenen Arten schwankt, an und für sich geeignet sein wird, Übergänge zu Formen des Organes bei anderen Gruppen auffinden zu lassen.

Über die Ansicht desselben Autors, dass *Planorbis corneus* L. sich durch Rückanpassung an das Wasserleben die merkwürdig differenzierte Atemhöhle erworben habe, könnte man streiten und im Gegenteil in diesen Verhältnissen eine Reliktenerscheinung des Wasserlebens erblicken. Ich will mich jedoch fussend auf die Resultate meiner Untersuchungen des Kopulationsapparates der Ansicht Simroth's anschliessen, denn in bezug darauf erblicke ich in *Planorbis corneus* L., welcher, wie wir gesehen haben, den Typus I repräsentiert, die jüngste Form.

Auf Grund der gesamten Untersuchungsresultate hinsichtlich unserer einheimischen Planorbiden glaube ich annehmen zu können,

---

[1] Es gibt bekanntlich Lymnaeiden, welche im tiefen Wasser leben, auch exotische Planorbiden, die solches thun. Diese Schnecken füllen ihre Atemhöhle mit Wasser, sind auch an ganz aussergewöhnliche Druckverhältnisse angepasst.

[2] Dr. A. Pauly hat eine in München erschienene gekrönte Preisschrift über die Wasseratmung der Lymnaeiden verfasst. Er macht darin auf die Thatsache aufmerksam, dass die Lymnaeen nach Abschliessung von der Luft durch die äussere Haut atmen und damit ihren Sauerstoffbedarf zu decken im stande sind. Ob sich diese Thatsache für alle, namentlich unsere einheimischen Lymnaeen gültig machen lässt, bezweifle ich, denn es wäre sonst nicht möglich, eine *Lymnaea* zu ertränken, d. h. zu ersticken. Nach den Beobachtungen des Autors sollen auch *Planorbis rotundatus* und *contortus* befähigt sein, sich durch Hautatmung an das Tiefseeleben anzupassen.

dass diese Schnecken mit zu den ältesten Formen der Süsswasserlungenschnecken gehören, dass sie jedoch wahrscheinlich andere ma-
rine Formen zu Ahnen haben, als die Lymnaeiden. Vielleicht be-
ruht sogar die augenscheinliche Einheit des Genus *Planorbis* selbst
nur auf Konvergenzerscheinungen.

Leipzig im April 1890.

Nachtrag.

Unmittelbar nach Schluss meiner Arbeit machte mich Herr
Geheimrat Leuckart darauf aufmerksam, dass in allerneuester Zeit
in Lacaze-Duthier's Zeitschrift 1889 und 1890 eine Arbeit von Perrier
über die Niere der Mollusken erschienen sei. Diese Arbeit befasst
sich auch des näheren mit der Kommunikation zwischen Niere und
Pericardium. Ich hätte angesichts derselben meine Abhandlung über
das Exkretionsorgan unserer Planorbiden, namentlich was den Vergleich mit andern Mollusken anbelangt, wohl etwas anders, im ganzen
jedenfalls wesentlich kürzer durchführen können.

Der Verfasser.

Litteratur-Verzeichnis.

Bronn, Classen und Ordnungen des Thierreichs. Bd. III. Mollusca.

v. Siebold, Lehrbuch der vergleichenden Anatomie der wirbellosen Tiere.

Leydig, Lehrbuch der Histologie.

Lehmann, Die lebenden Schnecken und Muscheln der Umgegend Stettins und in Pommern mit besonderer Berücksichtigung ihres anatomischen Baues. Kassel 1873.

H. Simroth, Die Sinneswerkzeuge der einheimischen Weichthiere. Zeitschr. f. wiss. Zool. Bd. XXVI.

Ficinus. Der Penis der einheimischen Planorben. Giebel's Ztschr. f. d. ges. Naturwiss. Jahrg. 1867. No. VII.

C. Semper, Beiträge zur Anatomie und Physiologie der Pulmonaten. Zeitschr. f. wiss. Zool. Bd. VIII. 1857.

H. Meckel, Mikrographie einiger Drüsenapparate niederer Thiere. Archiv f. Anatomie u. Physiologie. 1846.

J. Frenzel, Über die Mitteldarmdrüse (Leber) der Mollusken. Arch. f. mikrosk. Anatomie. Bd. XXV.

H. Simroth, Weitere Mittheilungen über palaearktische Nacktschnecken. Jahrbücher d. deutsch. malakozool. Ges. red. v. Kobelt. 13 Jahrg. 1886. p. 16 ff.

F. Wiegmann, Der sogenannte Liebespfeil der Vitrinen. Ibid. p. 74 ff.

Fischer. Manuel de Conchyliologie.

De Lacaze-Duthiers, Du système nerveux des Gastéropodes pulmonés et d'un nouvel organe d'innervation. Arch. de Zool. expér. I. p. 437 ff.

Ludwig Böhmig, Beiträge zur Kenntniss des Centralnervensystems einiger Pulmonaten Gasteropoden. Inaug.-Diss. Leipzig 1883.

H. Simroth. Über das Nervensystem und die Bewegung der deutschen Binnenschnecken.

A. Nalepa, Beiträge zur Anatomie der Stylommatophoren. Aus d. LXXXVII. Bd. d. Sitzb. d. k. Akad. d. Wissensch. I. Abt. Aprilheft. Jahrgang 1883.

R. Leuckart, Geschlechtsverhältnisse der Zwitterschnecken. Zool. Abhandl. Heft 3. 1854.

H. Eisig. Beiträge zur Anatomie und Entwickelungsgeschichte der Geschlechtsorgane von Lymnaeus. Ztschr. f. wiss. Zool. Bd. XIX. 1869.

J. Klotz, Beitrag zur Entwickelungsgeschichte und Anatomie des Geschlechtsapparates von Lymnaeus. Jenaische Ztschr. Bd. XXIII. Heft 1.

B. Sharp, Beiträge zur Anatomie von Ancylus fluviatilis und A. lacustris. Inaug.-Diss. Würzburg 1883.

B. Haller, Beiträge zur Kenntnis der Niere der Prosobranchier. Morphol. Jahrb. Bd. XI.

Th. Behme, Beiträge zur Anatomie und Entwickelungsgeschichte des Harnapparates der Lungenschnecken. Inaug.-Diss. Rostock 1889.

H. v. Ihering. Zur Morphologie der Niere der sog. Mollusken. Ztschr. f. wiss. Zool. Bd. XXIX.

— — Über den uropneustischen Apparat der Heliceen. Ibid. Bd. XLI.

Baudelot, Recherches sur l'appareil générateur des Mollusques Gastéropodes. Annal. des Sciences nat. (4) Zool. XIX. 1863.

O. Nüsslin, Beiträge zur Anatomie und Physiologie der Pulmonaten. Habilitationsschrift. Tübingen 1879.

A. Kowalewsky, Ein Beitrag zur Kenntniss der Excretionsorgane. Biol. Centralbl. Bd. IX.

C. Grobben, Die Pericardialdrüsen der Opisthobranchier und Anneliden, vorl. Mitth. Zool. Anz. No. 260.

— — Die Pericardialdrüsen der Lamellibranchiaten. Wien 1888.

G. Wolff, Einiges über die Niere einheimischer Prosobranchiaten, vorl. Mittheil. Zool. Anz. No. 253.

H. Simroth. Über das Gleiten der Schnecken an der Oberfläche des Wassers (Schwimmen). Nachrichtsblatt d. deutsch. Malakozool. Ges. No. 9 u. 10. 1887.

A. Pauly, Über die Wasserathmung der Lymnaeiden. Gekrönte Preisschrift. München 1877.

H. M. Gartenauer, Über den Darmkanal einiger einheimischer Gastropoden. Inaug.-Diss. Strassburg 1875.

L. v. Graff, Monographie der Turbellarien. 1. Rhabdocoelida. Aschaffenburg 1881.

M. S. Schultze, Beiträge zur Naturgeschichte der Turbellarien. Greifswald 1851.

Erklärung der Abbildungen.

Tafel I.

Fig. 1. *Planorbis corneus* L.
Fig. 2.   „   *marginatus* MÜLL.
Fig. 3.   „   *vortex* L.
Fig. 4.   „   *nitidus* L.
Fig. 5. Anatomie von *Planorbis vortex* L.

Zw. Zwitterdrüse.
Zg. Zwittergang mit Sperma in den blindsackartigen Ausstülpungen.
Ga. Eiweissdrüse.
Pr. Prostata.
vd. Vas deferens.
Cpo. Kopulationsorgan.
Ov. Ovidukt.
Rs. Receptaculum seminis.
Md. Mund.
Schl. Schlundkopf.
Sp. Speicheldrüsen.
Oe. Oesophagus.
M. Magen.
L. Leber.
D. Darm.
N. Niere.
H. Herz.
St. Stilett im Kopulationsorgan.

Fig. 6. Querschnitt durch den Mund von *Planorbis vortex* L.
M. Lumen des Mundes.
E. Epithel.
D. Kleine Speicheldrüsen.

Fig. 7. Leber von *Planorbis corneus* L.
L. Leber.
Zw. Endstück der Zwitterdrüse, aus der Leber hervorragend.
M. Magen ⎫ beide aus der Leber herausgelegt.
D. Darm ⎭

Fig. 8. Leber von *Planorbis rotundatus* Moq.-Tand. im Zusammenhang mit dem Darme.

    L. Leber.

    D. Darm.

    M. Magen.

Fig. 9. Längsschnitt durch das Endstück der Leber von *Planorbis rotundatus* Moq.-Tand.

    Mb. Strukturlose, schwach pigmentierte Membran.

    Lz. Leberzellen mit Sekretkügelchen.

Fig. 10. Genitaltraktus von *Planorbis corneus* L.

Fig. 11. Derselbe von *Planorbis vortex* L.

    Zw. Zwitterdrüse.

    Zg. Zwittergang mit Blindsäckchen (in Fig. 11 mit Sperma gefüllt).

    Ga. Eiweissdrüse.

    Pr. Prostata.

    vd. Vas deferens.

    Cpo. Kopulationsorgan.

    St. Stilett im Kopulationsorgan.

    Ov. Ovidukt.

    Rs. Receptaculum seminis.

    Vg. Vagina.

Fig. 12. Schnitt durch ein Stück der Eiweissdrüse von *Planorbis corneus* L.

    Ez. Eiweisszellen.

Fig. 13. Prostata von *Planorbis nitidus* L., dem männlichen Gange aufsitzend.

Fig. 14. Schnitt durch ein Follikel der Prostata von *Planorbis corneus* L. Einige Zellen haben das Sekret in das Lumen des Follikels entleert.

Fig. 15. Querschnitt durch den cylindrischen Teil des Vas deferens von *Planorbis marginatus* Müll.

    Mp. Pigmentierte Membran.

    Rm. Ringmuskelschicht.

    Fe. Flimmerepithel.

    C. Spermakanal.

Fig. 16. Querschnitt durch das Kopulationsorgan von *Planorbis corneus* L. an der Stelle der seitswärts befindlichen Ausmündung des Spermakanals.

    Sk. Schwellkörper.

    P. Penis.

    A. Ausmündung des Spermakanals.

    Lm. Längsmuskelschicht.

    Rm. Ringmuskelschicht.

Fig. 17. Querschnitt durch das Kopulationsorgan von *Planorbis marginatus* Müll. an der Basis des papillenartigen Vorsprungs im Inneren des Schwellkörpers. (NB. Der Schnitt ist nicht ganz senkrecht zur Längsaxe des Kopulationsorganes geführt.)

    Sp. Spaltraum.

    S. Schleimzellen am Übergang des Schwellkörpers in das Präputium.

Fig. 18. Querschnitt durch das Präputium eines *Planorbis cari-*
natus Drp.

  L. Hantelförmiges Lumen.
  Rm. Ringmuskelschicht.
  S. Schleinzellen.

Tafel II.

Fig. 1. Längenschnitt durch das gesamte Kopulationsorgan eines
stilettführenden *Planorbis* (*Pl. cortex* L.).

  V. Cylindrischer Teil des Vas deferens.
  Sk. Schwellkörper.
  P. Penis.
  K. Knopfartige Anschwellung des Schwellkörpers.
  Pp. Präputium.
  Ss. Stilettscheide.
  St. Stilett.
  R. Ringwulst.
  Sp. Spaltraum zwischen Schwellkörper und Penis.
  Sp¹. Spaltraum zwischen Schwellkörper und Stilettscheide.
  L. Lumen des Präputiums.
  Mb. Überzugsmembran des Kopulationsapparates.
  Lm. Längsmuskelschicht.
  Rm. Ringmuskelschicht.
  a. Beginn der Einlagerung der neuen Ringmuskelschicht.
  Ep. Epithel.
  O. Hohes Cylinderepithel.
  Spk. Spermakanal mit Flimmerepithel ausgekleidet.
  A. Seitlich gelegene Ausmündung desselben.
  C. Centralkanal der Stilettscheide.
  B. Rundliche Zellen im Penisendstück.
  S. Schleimzellen.
  Mr. Musculus retractor.

Fig. 2. Niere eines *Planorbis* im Längsschnitt (Übersichtsskizze).

  P. Nierenpapille.
  Ur. Vorderer Nierenabschnitt (Ureter).
  Uk. Mittlerer Nierenabschnitt (Urinkammer).
  Nk. Hinterer Nierenabschnitt (Nierenkopf).
  Pc. Pericardium.
  Ga. Eiweissdrüse.
  Wp. Wimpertrichter.

Fig. 3. Diagonalschnitt durch die Nierenpapille.
  A. Ausmündung in die Atemhöhle.

Fig. 4. Längsschnitt durch die Niere von *Planorbis carinatus* Drp.
beim Übergange vom Ureter in die Urinkammer.
  D. Drüsenepithel des Ureters.
  D¹. Konkrementführendes Epithel der Urinkammer.
  B. Areoläres Bindegewebe mit Kalkkonkretionen und Pigment.

Fig. 5. Längsschnitt durch den Nierenkopf von *Planorbis corneus* L. (Übersichtsskizze).
    N. Nierenkopf.
    V. Volum desselben.
    Wt. Wimpertrichter.
    Pc. Perikardialraum.
    H. Herz.
    Ga. Eiweissdrüsse.
Fig. 6. Längsschnitt durch den Wimpertrichter von *Planorbis
corneus* L.
    N. Niere.
    Wt. Wimpertrichter.
    Ep. Flimmerepithel.
    m. Mündungen des Wimpertrichters in die Niere.
    Pc. Pericardium.
    A. Perikardialmündung des Wimpertrichters.
    B. Areoläres Bindegewebe mit Kalkkonkrementen.

Tafel III.

Schematische Darstellungen der vier Typen des Kopulationsapparates der einheimischen Planorbiden im Längsschnitt.

Fig. 1. Typus I.
    „   2. „   II.
    „   3. „   III.
    „   4. „   IV.

Vd. Vas deferens.
Sk. Schwellkörper.
P. Penis.
O. Mündung des Spermakanals.
Pp. Präputium.
Kn. Knopfartige Erweiterung des Schwellkörpers.
Rw. Ringwulst.
Plc. Papillenartiger Vorsprung im Inneren des Schwellkörpers (Stilett-
      scheide).
A. Blindsackartige Anhänge.
Mr. Musculus retractor.

Vita.

Ich, OTTO BUCHNER, evangelischer Konfession, bin am 30. Dezember 1862 zu Stuttgart als der zweite Sohn des Hof-Porträtmalers C. BUCHNER und seiner Gemahlin ELISABETH, geb. v. ANGERSTEIN, geboren. Den ersten Unterricht erhielt ich in der Elementarschule von HEYER in Stuttgart und trat dann im Jahre 1870 in das dortige humanistische Gymnasium ein, verliess jedoch dasselbe nach einem Jahr, um in das Realgymnasium überzutreten, in welchem ich im Herbst 1881 das Reifezeugnis erhielt.

Ich trat sodann als ordentlicher Studierender in die technische Hochschule zu Stuttgart zum Studium der Naturwissenschaften ein und belegte nebenbei noch einige allgemein bildende Fächer. Ich hörte die Vorlesungen der Herren Professoren v. FEHLING (Chemie), v. ZECH (Physik), v. ECK (Mineralogie und Geognosie), v. AHLES (Botanik), GUSTAV JAEGER (Zoologie und Anthropologie), GEORGII (Geschichte), HELL (theoretische Chemie) und Dr. GANTTER (chemische Repetitionen).

Die Vorliebe zur Zoologie führte mich im Herbst 1884 nach Leipzig, wo ich die Universität bezog. Ich hörte daselbst die Vorlesungen der Herren Professoren Geheimrat LEUCKART (vergleichende Anatomie und allgemeine Zoologie), MARSHALL (specielle Zoologie, DARWIN'sche Theorie, Tiefseeleben und geographische Verbreitung der Tiere), FRAISSE (Entwickelungsgeschichte), PFEFFER (Pflanzenphysiologie), ZIRKEL (Mineralogie), CREDNER (Geologie), WUNDT (Psychologie) sowie des Herrn Dr. SIMROTH (Malakozoologie und Entstehung der Landtiere).

Ich arbeitete ferner durch sämtliche Semester hindurch im zoologisch-zootomischen Laboratorium des Herrn Geheimrat Professor Dr. LEUCKART, wo ich meine Promotionsarbeit fertig stellte und ein Semester im zoologisch-histologischen Laboratorium des Herrn Professor FRAISSE.

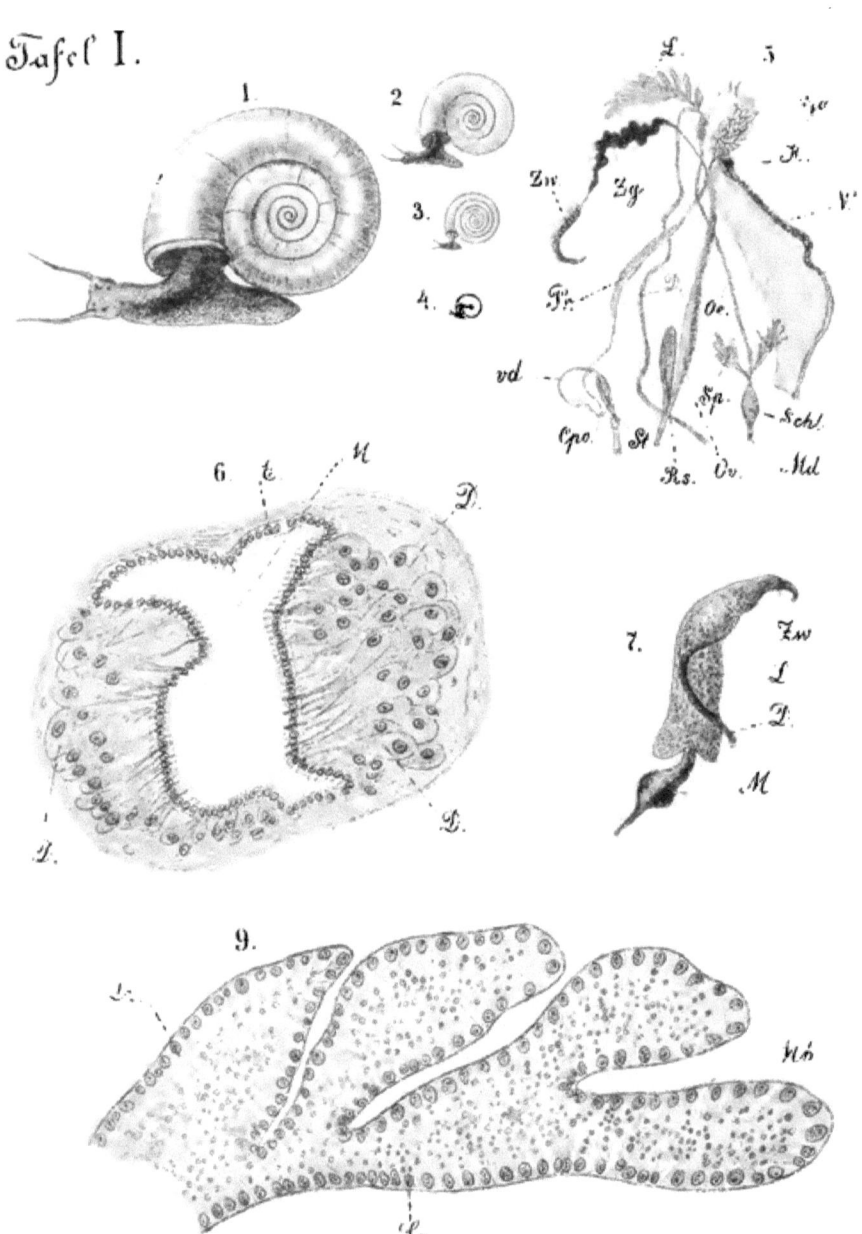

Tafel I.

Buchner del.

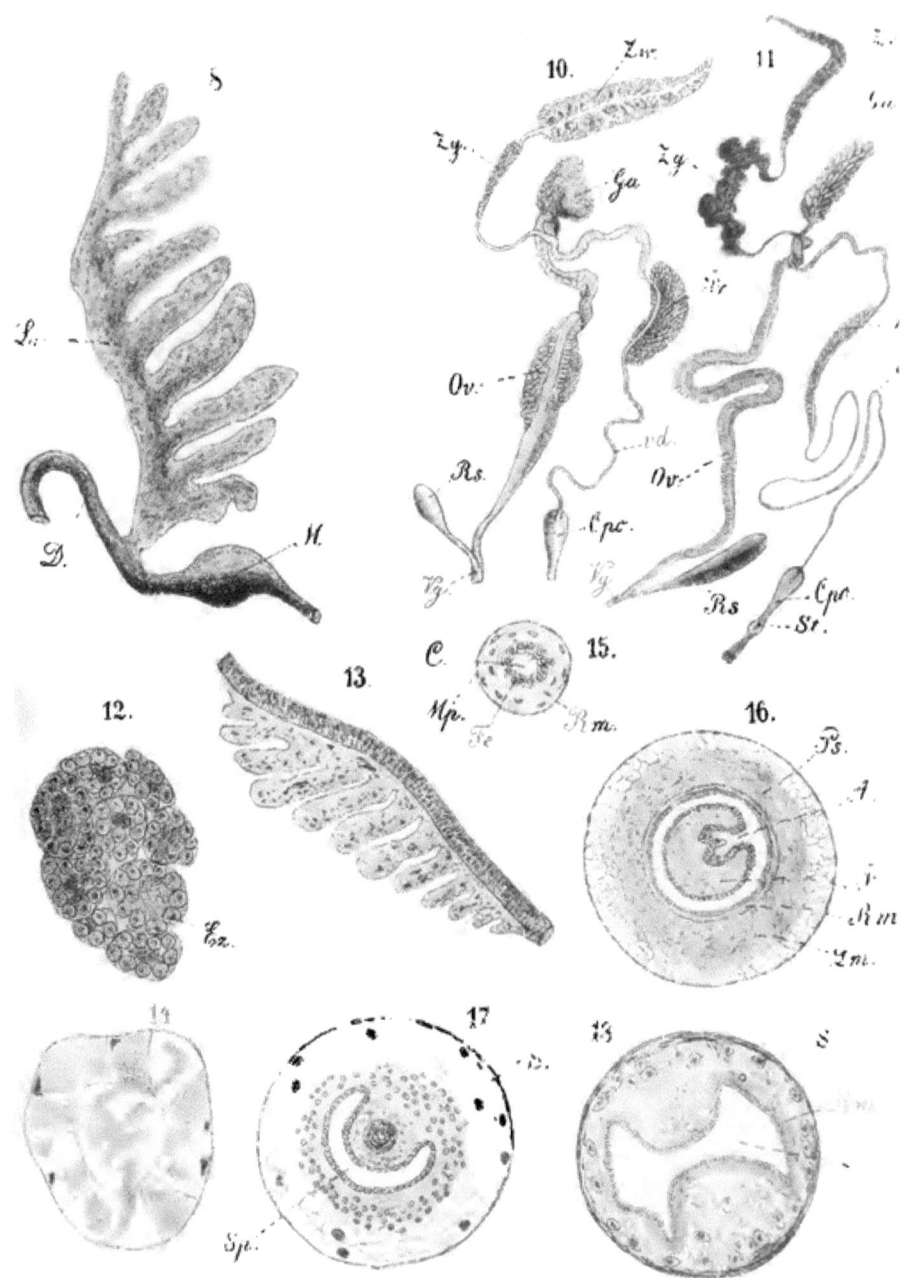

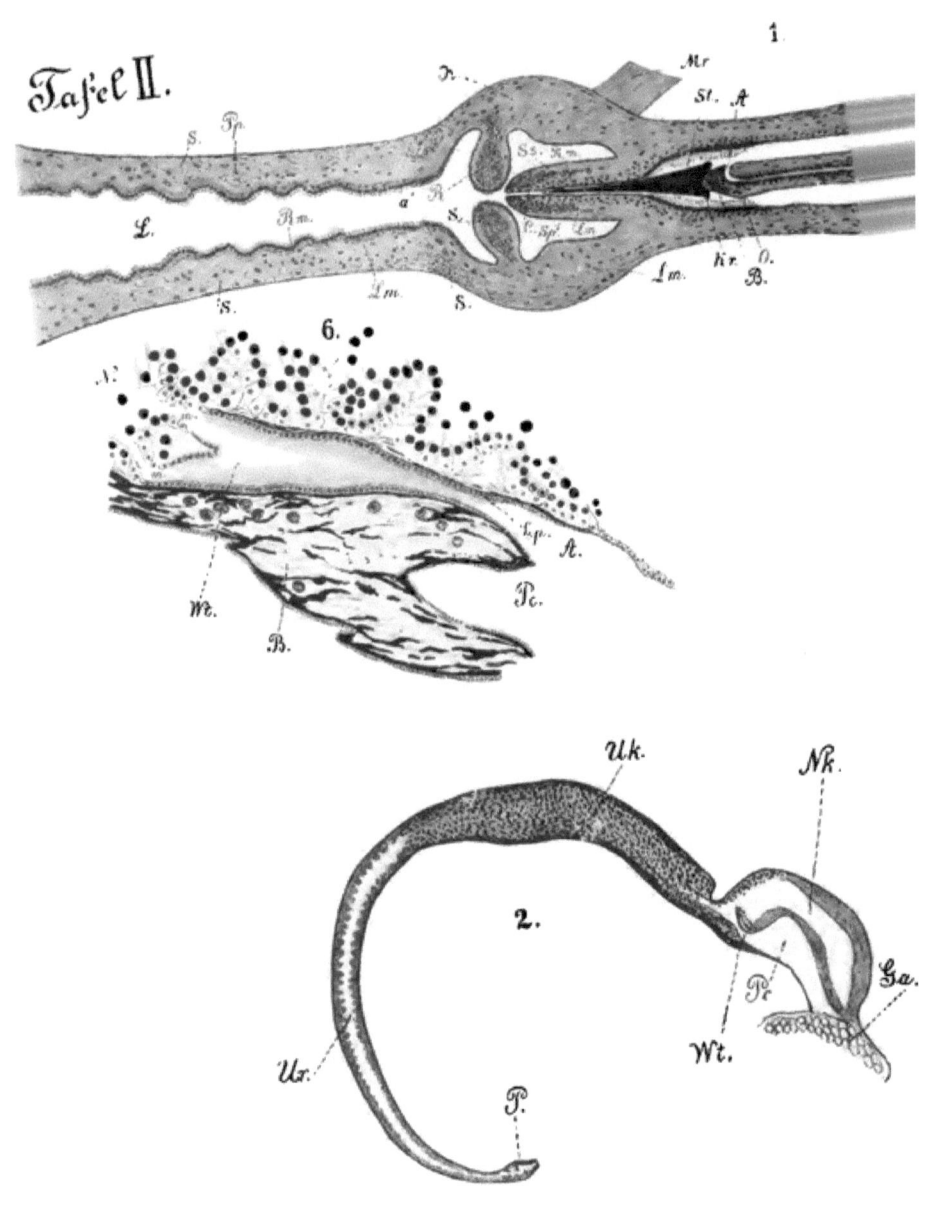

Tafel II.

1.

6.

2.

Buchner del.

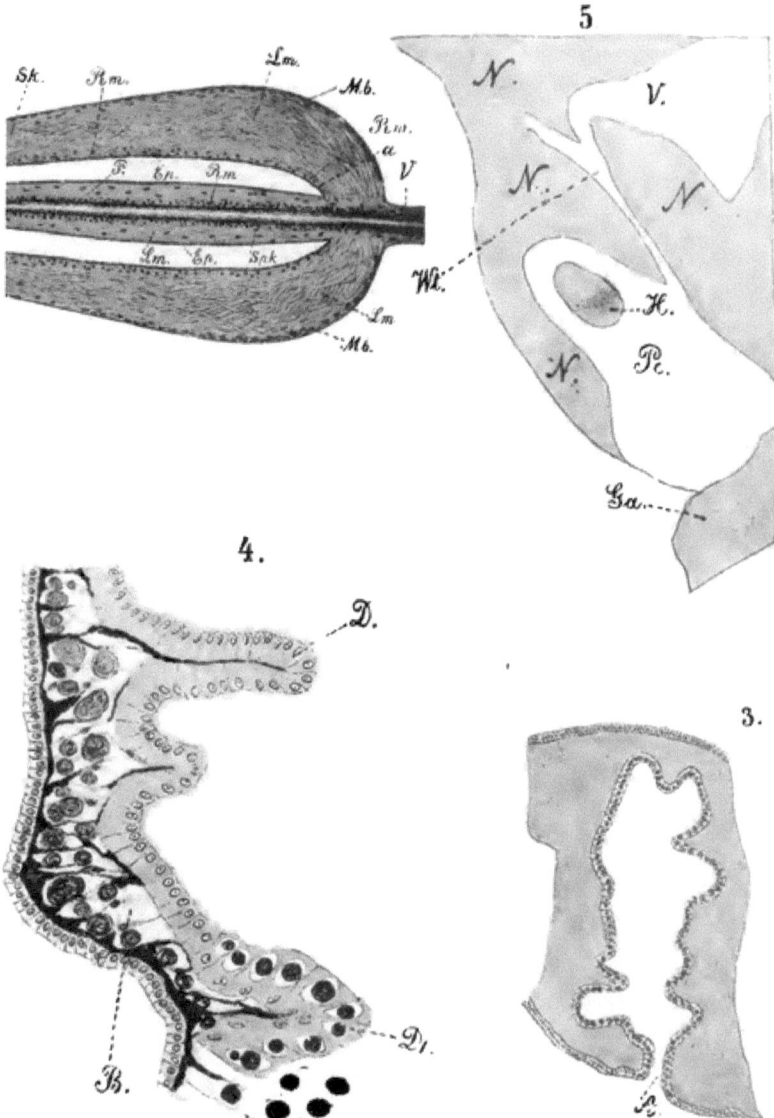

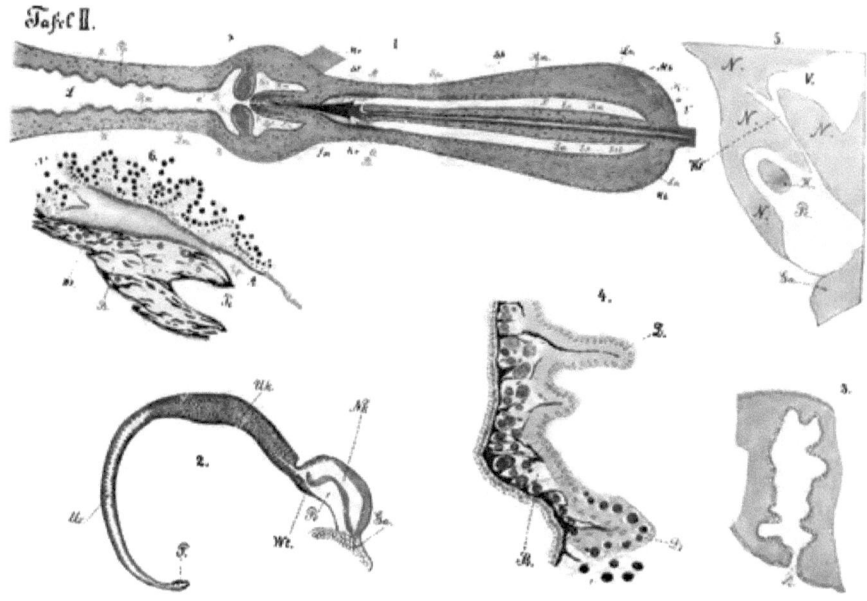

Tafel II.

Starhaus del

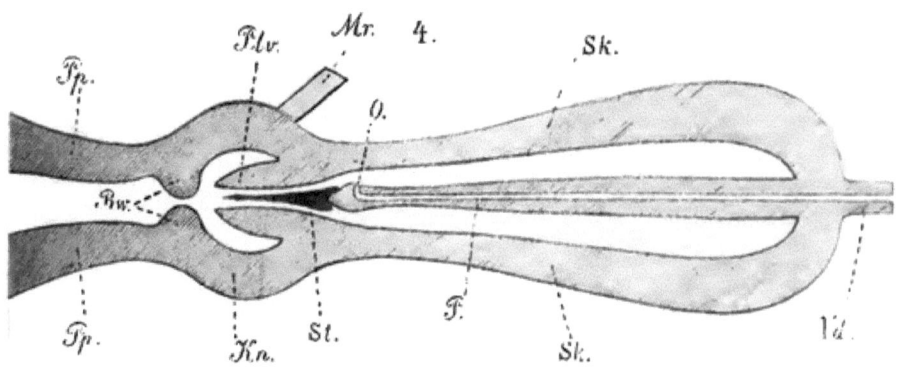

Buchner del.

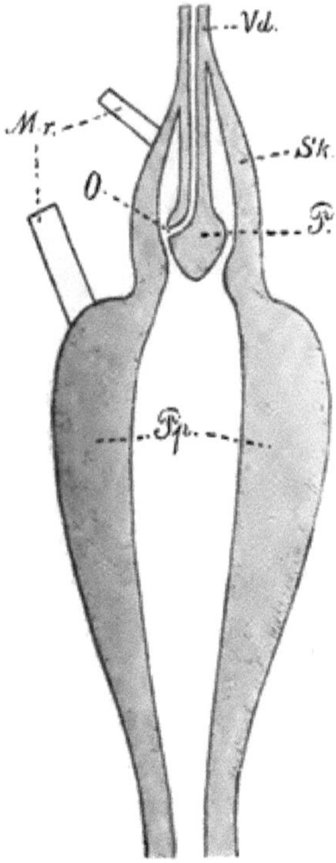

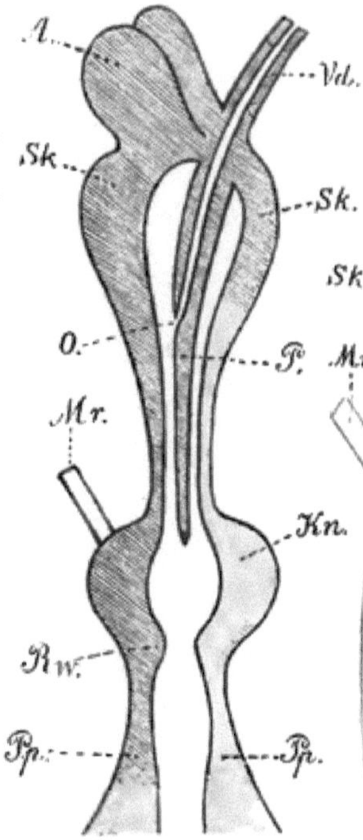

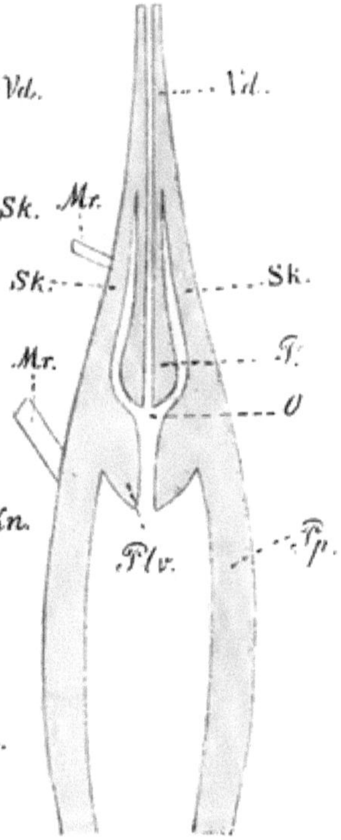